KREATIV.INSPIRATION.

Die Reihe für alle DIY-Fans und Handarbeitsbegeisterten,
die tiefer in ein Thema oder eine Technik
einsteigen wollen und die nach Inspiration suchen.
Entdecken Sie die Ideenreihe mit einer großen Auswahl
an originellen Projekten und Anleitungen.
Lassen Sie sich inspirieren und werden Sie kreativ!

VERTiKAL
PFLANZEN

VERTiKAL
PFLANZEN

INHALT

VORWORT

Wer mag es nicht, sein Zuhause durch Pflanzen lebendiger und wohnhafter zu gestalten oder selber einmal sein Gemüse anzubauen. Doch oft ist der Raum, Balkon oder Garten zu klein, um etwas Tolles zu schaffen und die angebotenen Töpfchen und Pflanzsysteme sind zu groß und sperrig für die eigenen vier Wände. Zudem sehen sie meistens auch noch langweilig aus und versprühen keinerlei Charme. Hier bietet sich der neue Trend der vertikalen Gärten besonders gut an. Sie bieten durch ihre vertikale Bauart auch bei wenig Platz eine wundervolle Möglichkeit der grünen Gestaltung und sind dabei ein Ausdruck von Leben und Freiheit.

Entdecken Sie in diesem Buch faszinierende Ideen für Ihren vertikalen Garten. Ob hängend mit einer Makramee-Aufhängung, an einer Wand befestigt wie ein Blumen-Organizer oder freistehend wie das Planzsystem aus Beton – für jeden Geschmack ist hier etwas dabei. Außerdem können Sie jede Pflanzidee nach Ihren Wünschen gestalten, egal ob Sie lieber einen Blumengarten oder ein Kräuterbeet wollen. Jeder gezeigte vertikale Garten ist zudem in allen Bereichen einsetzbar – ob Drinnen oder Draußen.
Und das Tolle ist, Sie können durch das Selbermachen Ihrer Grünenoase eine ganz persönliche Note verleihen. Verwenden Sie je nach Vorliebe doch einmal eine andere Farbe oder gestalten Sie Ihre eigenen Formen und je nach verfügbarem Platz können die Systeme noch zusätzlich individuell in Ihrer Größe angepasst werden.

Lassen Sie sich von den kreativen Ideen inspirieren und bringen Sie den grünen Lebensraum auch in Ihr Zuhause.

Wir wünschen Ihnen viel Spaß beim Entdecken, Nachbasteln und Gestalten!

Gartenhandschuhe –
schaden nicht, braucht
man aber nicht unbedingt

WICHTIGE MATERIALIEN & WERKZEUGE BEIM ARBEITEN MIT PFLANZEN

Zeitungspapier oder Plastikfolie –
schont Ihren Arbeitsplatz

Gefrierbeutel oder Folie
zum Auskleiden bestimmter
Pflanzgefäße

Garten- oder Unkrautvlies
ist wasserdurchlässig und
unterstützt die Drainage-
Wirkung

Schnur oder Floristendraht

Verschiedene Arten von Blumenerde sowie Granulate und Kieselsteine

kleine Schaufel oder Löffel zum Einfüllen der Blumenerde in die Gefäße

Mit einem Haarpinsel entfernt man überschüssige Blumenerde von Blättern und Blüten

Gartenschere, scharfes Messer oder Schere

Kleine Gießkanne

Mit einer Sprühflasche kann die Befeuchtung leichter dosiert werden

9

GRUNDANLEITUNG VERTIKAL GÄRTNERN

Vertikale Gärten

Vertikale Gärten ermöglichen es Ihnen, Pflanzen auch auf kleineren Flächen, wie z.B. dem Balkon, oder in kleineren Räumen zu kultivieren. Durch die vertikale Anordnung der Pflanzengefäße erhalten Sie zusätzlichen Platz, den Sie mit den unterschiedlichsten Pflanzen begrünen können. Das Grün im Wohnraum, auf dem Balkon oder im Garten verbessert Ihre Lebensqualität: Es erfreut Herz und Auge, und die erhöhte Luftfeuchtigkeit und bessere Luftqualität sind auch noch gesund.

Was zu beachten ist

DER RICHTIGE STANDORT

Der Standort ist auch bei vertikalen Gärten ausschlaggebend dafür, ob die Pflanzen richtig wachsen und gedeihen. Achten Sie darauf, dass Ihr vertikaler Garten mit ausreichend Licht versorgt wird und nicht im Dunklen steht oder hängt.

Unterschätzen Sie auch nicht das Eigengewicht des Pflanzsystems. Töpfe, Erde und Pflanzen können zusammengenommen einige Kilogramm auf die Waage bringen. Daher sollten Sie bei der Befestigung Ihres vertikalen Gartens berücksichtigen, dass das System einen guten Halt hat: An der Wand also mit ausreichend starken Dübeln und Schrauben arbeiten, bei stehenden Pflanzsystemen auf die Ebenheit des Bodens und die Standfestigkeit der Gefäße achten.

DIE BEWÄSSERUNG UND PFLEGE

Informieren Sie sich im Vorfeld, wie die Pflanzen Ihres vertikalen Gartens bewässert werden müssen. Wenn Sie Ihr Pflanzsystem mit unterschiedlichen Pflanzen bepflanzen wollen, wählen Sie Pflanzen aus, die ähnliche Bedürfnisse hinsichtlich Licht und Wasser haben. Da bei vertikalen Gärten meist weniger Erde für die Pflanzen zur Verfügung steht als in herkömmlichen Gärten und somit auch weniger Wasser gespeichert werden kann, müssen sie häufiger gegossen werden.

Zum Gießen bieten sich Sprühflaschen an. Alternativ können Sie den Pflanzen mit der Gießkanne vorsichtig wenige Tropfen Wasser geben. Wichtig ist, dass keine Staunässe entsteht. Das Wasser könnte überlaufen oder schlimmer, die Wurzeln der Pflanzen können beginnen zu faulen.

Holen Sie die Pflanzen im Winter aus dem Außenbereich in die Wohnung, um sie vor dem Frost zu schützen. Doch auch im Winter sollten die Pflanzen ausreichend Licht haben, und sie sollten nicht zu warm gehalten werden. Für die Überwinterung bieten sich daher besonders Treppenhäuser oder andere nicht beheizte, aber helle Räume an.

Auch ein regelmäßiges Zurückschneiden der Pflanzen und das Entfernen von verblühten Pflanzen oder Pflanzenteilen ist wichtig, damit die Pflanzen gesund wachsen können. Von Zeit zu Zeit sollten Sie Ihre Pflanzen düngen, damit sie über die Erde neue Nährstoffe aufnehmen können. Flüssigdünger eignet sich sehr gut, da er einfach zu handhaben ist, indem er dem Gießwasser beigefügt wird. Um ein Überdüngen zu vermeiden, richten Sie sich bei der Dosierung nach den Angaben auf der Verpackung oder fragen Sie den Fachmann.

GRUNDANLEITUNG ERDE UND PFLANZEN

Die richtigen Pflanzen

Eigentlich können Sie fast alle Pflanzen in einen vertikalen Garten einpflanzen, solange Sie auf die Bedürfnisse der Pflanzen achten. Für den Außenbereich eignen sich heimische Pflanzen, wie z.B. Gräser, Stauden oder Kletterpflanzen. Sie können entweder winterfeste Pflanzen wählen, wenn Sie nicht jedes Jahr neu bepflanzen möchten, oder einjährige Pflanzen, wenn Sie mehr Abwechslung haben wollen.

Obst und Gemüse sind ein schöner Hingucker für vertikale Gärten. Diese Nutzgärten sollten jedoch nur im Außenbereich angelegt werden. Für hängende Pflanzsysteme eignen sich hängende Pflanzen, wie z.B. Erdbeeren. Gurken oder Zucchini können Sie an einer Rankhilfe emporwachsen lassen. Auch Salate und Kräuter können in vertikalen Gärten gepflanzt werden.

Im Innenbereich kann auch mit tropischen Pflanzen gearbeitet werden. Achten Sie darauf, dass die Pflanzen auch trockene Luft vertragen. Schön sind neben immergrünen Pflanzen auch Sukkulenten oder Kakteen. Sie sind sehr genügsam, da sie das Wasser speichern und auch längere Zeit ohne Gießen auskommen. Bei Pflanzen im Innenbereich sollten Sie auf ausreichend Licht achten.

Das Pflanzgefäß sollte immer ausreichend groß für die Pflanze sein. Erkundigen Sie sich im Vorfeld, wie viel Erde Ihre Pflanze braucht und wie groß sie werden kann. Topfpflanzen, die grundsätzlich weniger Erde benötigen, sind natürlich besonders geeignet für vertikale Gärten.

Die Wahl der Erde

Die meisten Pflanzen kommen mit normaler Kompost- oder Blumenerde sehr gut aus. Sie kann genügend Wasser aufnehmen und somit die Pflanzen ideal versorgen. Es gibt jedoch Pflanzenarten, die besondere, ihrem natürlichen Lebensraum angepasste Erde benötigen. Diese besonderen Erden gibt es im Gartencenter zu kaufen.

Einige der vorgestellten Pflanzsysteme können nur ohne Abflusslöcher gebaut werden. Damit Ihre Pflanzen darin nicht übermäßiger Staunässe ausgesetzt sind, sollten Sie sie nur sehr gering dosiert gießen. Wenn das Gefäß tief genug ist, sollte eine Drainage eingebaut werden: Dazu befüllen Sie es zu einem Viertel bis einem Drittel mit Blähton. Er ist sehr leicht und daher auch ideal geeignet für hängende vertikale Gärten. Für stehende Pflanzsysteme eignen sich Kies oder Splitt, die für zusätzliche Standfestigkeit der Töpfe sorgen. Schneiden Sie ein großes Stück Gartenvlies (auch Unkrautvlies genannt) zurecht und bedecken Sie damit den Blähton bzw. Kies bis zum Rand. Das Vlies verhindert das Durchsickern der Erde. Nun die Pflanzen wie gewohnt einpflanzen.

GRUNDANLEITUNG BEIM BASTELN

Vorlagen übertragen

Für einige Modelle in diesem Buch benötigen Sie entsprechende Vorlagen, die zunächst auf das jeweilige Material übertragen werden müssen. Dafür eignen sich unterschiedliche Methoden, die hier kurz vorgestellt werden.

ÜBERTRAGEN MIT TRANSPARENTPAPIER

Dafür das Transparentpapier auf die Vorlage legen und mit einer Büroklammer oder mit Kreppklebeband fixieren. Die Umrisse des Motivs nachfahren. Anschließend die Umrisse auf der Rückseite des Transparentpapiers mit einem weichen Bleistift (B oder 2B) nachzeichnen bzw. schraffieren. Dann das Transparentpapier wieder wenden, auf das entsprechende Material auflegen und mit einem harten, spitzen Bleistift (H oder 2H) oder einem leergeschriebenen Kugelschreiber die Linien nochmals nachfahren.
Auf diese Weise überträgt sich der auf der Rückseite haftende Bleistiftgrafit auf das Material.

ÜBERTRAGEN MIT SCHABLONEN

Werden Motive mehrmals benötigt, empfiehlt sich ein Übertragen der Vorlagen mithilfe von Schablonen. Dafür übertragen Sie das Motiv entweder direkt auf dünnen Karton oder zuerst auf Transparentpapier und kleben dieses anschließend auf den Karton. Dann das Motiv mit einer scharfen Schere oder einem Cutter ausschneiden. Die so entstandene Schablone auf das entsprechende Material legen und mit einem spitzen Bleistift umfahren.

DIE WICHTIGSTEN BASTELMATERIALIEN

Zum Basteln der verschiedenen Modelle benötigen Sie natürlich auch ein paar Bastelmaterialien. Die wichtigsten sind: Stifte zum Anzeichnen, Schere, Cutter oder Messer sowie Holzleim. Diese werden in den einzelnen Materiallisten nicht noch einmal aufgeführt. Darüber hinaus brauchen Sie hier und da Schmirgelpapier, Masking Tape, Pinsel und Acrylfarbe.

Die Modelle sind in Schwierigkeitsgrade unterteilt: Wählen Sie zwischen ●○○ schnell und einfach, ●●○ braucht etwas länger und ●●● für Geübte.

ARBEITEN MIT BETON

1 Schützen Sie zunächst Ihren Arbeitsplatz durch Auslegen einer Folie und stellen Sie alle benötigten Materialien bereit. Ziehen Sie Ihre Schutzkleidung an.

2 Rühren Sie nun zwei Teile Quarzsand mit einem Teil Zement in einem alten Gefäß mit etwas Wasser zu einer puddingähnlichen Konsistenz an. Zum Rühren können Sie je nach Menge der Masse und Verfügbarkeit einen ausrangierten Löffel, eine Maurerkelle oder eine Bohrmaschine mit Rühraufsatz benutzen. Alternativ zu der Betoneigenmischung aus Quarzsand und Zement können Sie Fertigmischungen (Bastelbeton oder Betonestrich) verwenden und diese laut Packungsangaben mit Wasser anmischen.

MATERIALIEN

Plane (zum Auslegen)

altes Gefäß (zum Anrühren)

alter Löffel, Maurerkelle oder Bohrmaschine mit Rühraufsatz (zum Anrühren)

Gießformen

Salatöl (zum Bestreichen der Gießformen)

Beton (Quarzsand und Zement 2:1) oder Fertigmischung (Bastelbeton oder Betonestrich)

wasserbefülltes Gefäß, z.B. PET-Flasche

Schutzkleidung: Einweghandschuhe, Atemschutzmaske, Schutzbrille

Schmirgelpapier

HINWEIS:

Beton ist eine laugenartige Verbindung, die Haut, Schleimhäute und Fingernägel angreift. Tragen Sie daher beim Betonieren immer Schutzkleidung. Besonders die Augen sollten durch eine Schutzbrille geschützt werden, damit kein Beton hineinspritzt. Betonreste sollten Sie niemals in den Abfluss gießen. Er härtet dort aus und Sie bekommen ihn nie wieder heraus!

3 Bestreichen Sie Ihre Gießformen vor dem Befüllen mit Salatöl, welches als Trennungsmittel zum späteren leichteren Entfernen dient.

4 Nach zwei Tagen kann der Beton in der Regel aus seiner Gießform genommen werden. Glätten Sie raue Gießränder mit Schmirgelpapier. Lassen Sie den Beton an einem kühlen, frostfreien Platz zwei Wochen lang aushärten, bevor Sie ihn bemalen und bepflanzen.

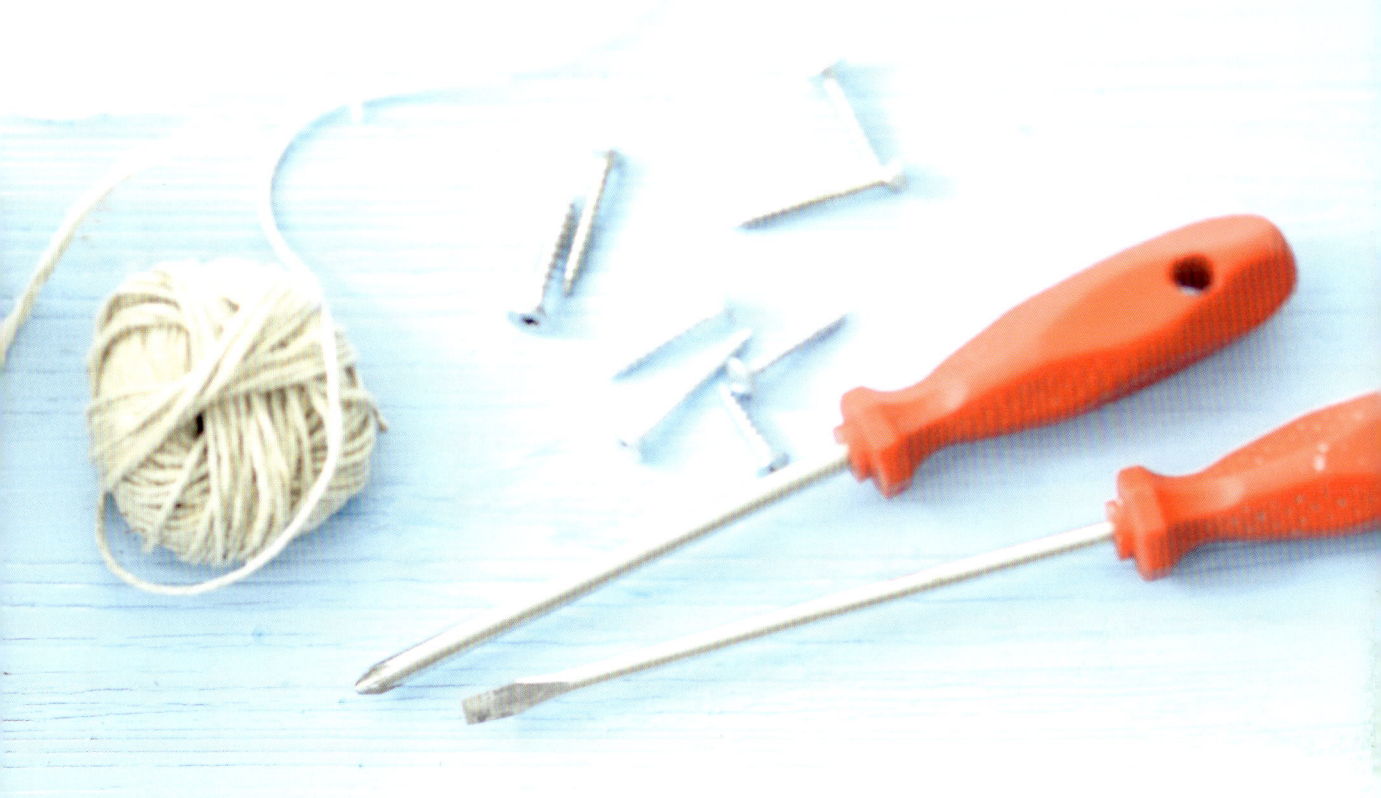

AN DiE WAND
GEBRACHT

GENÄHTER BLUMEN-ORGANIZER

romantisch und sehr praktisch

1 Den Pünktchenstoff an den schmalen Seiten und an der unteren Seite 2,5 cm weit und an der oberen Seite 5 cm weit umnähen.

2 Bei der oberen Tasche die obere und die untere schmale Kante 1,5 cm weit umnähen. Das Wachstuch dann mittig links auf links legen und die Kanten abstepen. Die obere Seite dabei offenlassen. Die Nahtzugaben und die Ecken knapp oberhalb der Naht zurückschneiden. Den Stoff auf rechts und 18 cm vom oberen Rand entfernt auf den Pünktchenstoff aufnähen (die offene Kante zeigt nach oben). Die Tasche in der Mitte durch eine Naht teilen.

3 Für die Laschen den Stoff jeweils in der Mitte links auf links legen und umnähen, auf rechts drehen und mit der offenen Seite nach unten direkt über den Taschen annähen. Jeweils einen Druckknopf anbringen.

4 Bei den Pflanztaschen die obere und die untere Kante 1,5 cm weit umnähen. Dann den Stoff jeweils in der Mitte falten (links auf links) und rundherum festnähen, dabei die untere Seite offen lassen. Für den Boden die beiden gegenüberliegenden Ecken jeweils so zusammenfalten, dass ein Zipfel entsteht. Nähen Sie von der Spitze 5 cm quer über den Zipfel und schneiden Sie den Zipfel vor der Naht ab. Den Stoff wenden und die obere offene Kante zunähen. So bei allen Pflanztaschen vorgehen.

5 Die Pflanztaschen mithilfe von doppelseitigem Klebeband an den gewünschten Stellen fixieren und knappkantig auf den Pünktchenstoff aufnähen. Bei der unteren Tasche wird zusätzlich mittig noch ein Druckknopf angebracht.

6 Nun noch die Metallösen an den Ecken anbringen.

MOTIVHÖHE

100 cm

MATERIAL

Wachstuch in Mint mit weißen Punkten, 110 cm x 50 cm

Wachstuch mit Rosenmuster: obere Tasche (pro Tasche): 40 cm x 36 cm und 2x 20 cm x 16 cm (für die Laschen);
mittlere Taschen (pro Tasche): 2x 40 cm x 42 cm;
untere Tasche: 35 cm x 52 cm

3 Kunststoff-Druckknöpfe in Petrol, ø 12 mm

4 Metallösen in Silber, ø 15 mm

doppelseitiges Klebeband

WERKZEUG

Nähmaschine

alle Maße inkl. Nahtzugaben

BLUMENGARTEN
AUS SCHUBLADEN

hübscher Aufsteller für drinnen und draußen

1 Grundieren Sie zunächst das Holzbrett mit Cremewachs. Überschüssiges Wachs mit einem Küchentuch entfernen. Bemalen Sie die Schubladen in Mintgrün und lassen Sie die Farbe gut trocknen. Bohren Sie die Löcher für die Möbelknöpfe und schrauben Sie diese an. Malen Sie den Banner laut Vorlage mit Tafelfarbe in zwei Schichten auf.

2 Nach dem Trocknen verzieren Sie den Banner und das Brett mit einem Kreidemarker. Legen Sie die Schubladen innen mit etwas Wachstuch oder Folie aus und schrauben Sie die Schubladen auf dem Holzbrett fest.

MOTIVHÖHE

80 cm

MATERIAL

Holzbrett, 40 cm x 80 cm

5 Holzschubladen in unterschiedlichen Größen, 10-15 cm breit

etwas Wachstuch oder Teichfolie zum Auslegen der Schubladen

3-5 unterschiedliche Möbelknöpfe

10 Holzschrauben, 2 cm lang

Cremewachs in Braun

Kreidefarbe in Mintgrün

Tafelfarbe in Schwarz

Kreidemarker in Weiß

Küchentuch

WERKZEUG

Pinsel

Bohrmaschine mit Holzbohrer, ø 5 mm

Schraubenzieher

VORLAGE SEITE 88

● ● ○

HÄNGESYSTEM AUS KUPFERROHREN

schlichte Wohndeko

1 Zunächst die Blumentöpfe gestalten: Kopieren Sie die Ornamentvorlage, schneiden Sie sie grob, mit einer Zugabe von ca. 2 cm, aus und kleben Sie sie auf ein Stück doppelseitiger Klebefolie. Das Ornament mit der Silhouettenschere exakt herausschneiden und die so entstandene Schablone mit der Klebefolie auf dem Blumentopf befestigen. Die Metallicfarbe mit einem Schwamm auftupfen. Wenn die Farbe gut getrocknet ist, die Vorlage vorsichtig entfernen. Wiederholen Sie diesen Vorgang für alle Blumentöpfe.

2 Schneiden Sie das Kupferrohr mit dem Rohrschneider in vier 20 cm lange Stücke. Dazu den Rohrschneider an den zuvor abgemesse-nen Stellen festspannen und durch mehrmaliges Drehen um das Rohr dieses abschneiden. Bei Bedarf den Schneider immer wieder nachspannen.

3 Das erste Kupferrohr auffädeln, indem Sie die Gliederkette zur Hälfte durchführen. Mit Draht die Position des Kupferrohres sichern. Danach das nächste Rohr im Abstand von 30 cm auffädeln. Dazu führen Sie die rechte Kette durch das Rohr nach links und die linke Kette durch das Rohr nach rechts. Fixieren Sie die Ketten jeweils am Rohrende durch Zusammenbinden mit einem kleinen Stück Draht. Wiederholen Sie diesen Vorgang mit den letzten beiden Rohrstücken.

4 Die Kettenenden mit dem Metallring zusammenfügen und den Ring als Aufhänger für das Hängesystem verwenden. Hängen Sie die bemalten Blumentöpfe nun an die Kupferrohre.

MOTIVHÖHE

1,2 m

MATERIAL

3 Zinkblumentöpfe mit Aufhänge-bügel, ø 12 cm, 10 cm hoch

Kupferrohr, ø 1,5 cm, 80 cm lang

Gliederkette, ø 0,8 cm, 4 m lang

stabiler Metallring, ø 1,5 cm

Metallicfarbe in Kupfer

doppelseitige Klebefolie

Draht

Dalmatiner-Glockenblume in Weiß

WERKZEUG

Silhouettenschere

Pinsel

Schwamm

Rohrschneider

Seitenschneider

VORLAGE SEITE 88

● ○ ○

KÜCHENREGAL AUS PALETTEN

mit Kräutern angerichtet

1   Erstellen Sie anhand der Vorlage eine Schablone für die Bögen am oberen und unteren Zierbrett sowie an den Seitenwänden und übertragen Sie diese auf die entsprechenden Holzausschnitte. Beachten Sie dabei auch die Maße Ihrer Palette. Sägen Sie alle Teile mit der Stichsäge aus. Glätten Sie die Sägeränder, sowie bei Bedarf auch die Palette mit dem Schmirgelpapier.

MOTIVHÖHE

1,15 m

MATERIAL

Halbpalette, 60 cm x 80 cm x 13 cm

3 Holzbretter, je 60 cm x 9 cm, 1 cm stark (für die Regalböden)

2 Holzbretter, je 95 cm x 14 cm, 1 cm stark (für die Seitenwände)

Holzbrett, 20 cm x 60 cm, 1 cm stark (für oberes Zierbrett)

Holzbrett, 30 cm x 60 cm, 1 cm stark (für unteres Zierbrett)

Gläser und Tassen zum Bepflanzen

verschiedene Küchenkräuter, z.B. Salbei, Sauerampfer, Basilikum, Pfefferminze

Kreidefarbe in Mintgrün

evtl. Kreidefarbe für Gläser

evtl. 3 Aufhängehaken mit Schrauben

Nägel, 3 cm lang

WERKZEUG

Stichsäge

Schmirgelpapier

Hammer

Pinsel

evtl. Schraubenzieher

VORLAGE SEITE 89/90

● ● ●

2   Nun das Küchenregal zusammenbauen: Nageln Sie dazu zunächst die Regalböden an den Klötzen und Bodenbrettern auf der Palettenrückseite fest. Anschließend befestigen Sie das obere und das untere Zierbrett auf der Palettenvorderseite. Zum Schluss die Seitenwände festnageln.

3   Das Regal mit Kreidefarbe anstreichen. Wenn es gut getrocknet ist, können Sie noch Haken für Handtücher, Topflappen u.Ä. anschrauben. Die Küchenkräuter in die Gläser und Tassen einpflanzen und nach der fachgerechten Regalmontage im Regal arrangieren.

BEMALTE DOSEN

im Aquarelllook

1 Stoffstücke auf die Größe der Dosen zuschneiden, sodass diese einmal um die Dose gewickelt werden können und sich leicht überlappen.

2 Die Stoffe mittig nass machen und mit Farbklecksen im Aquarellstil bemalen. Trocknen lassen. Die Textilfarbe mit dem Bügeleisen, entsprechend der Anleitung, fixieren.

3 Bei der Variante für drinnen den Boden der Dosen nicht bearbeiten. Für die Variante für draußen mit einem Nagel und Hammer den Boden der Dosen durchlöchern. Ebenso jeweils am oberen Rand ein Loch hineinschlagen.

4 Senkrecht je ein Stück doppelseitiges Klebeband an jede Dose kleben und die Stoffstücke damit fixieren. Den Stoff herumwickeln, am Ende einschlagen und mit Bändern festknoten.

HINWEIS

Wenn Sie die Dosen draußen befestigen und den Boden durchlöchert haben, kann überflüssiges Gießwasser nach unten abfließen. Im Innenbereich ist dies nicht möglich. Da die meisten Pflanzen es jedoch nicht mögen, ohne Ablauf in feuchter Erde zu stehen, entweder die Dosen nicht direkt bepflanzen, sondern eine Pflanze im Topf hineinstellen, oder im unteren Bereich Blähton verwenden (Hydrokultur) und nur oben mit Erde auffüllen. Der Blähton funktioniert hier wie eine Drainage, die das Wasser speichert.

5 Dübel in der Wand befestigen und durch das Loch am oberen Rand die Dose an die Wand schrauben.

6 Nun vorsichtig bepflanzen.

MOTIVHÖHE

12 cm

MATERIAL

leere Dosen in verschiedenen Größen

dünner Nagel

weißer Baumwollstoff

Textilfarbe in gewünschten Farben

verschiedenfarbige Lederbänder, Satinbänder u.Ä.

doppelseitiges Klebeband

Schrauben, 3 cm lang

Dübel

WERKZEUGE

Hammer

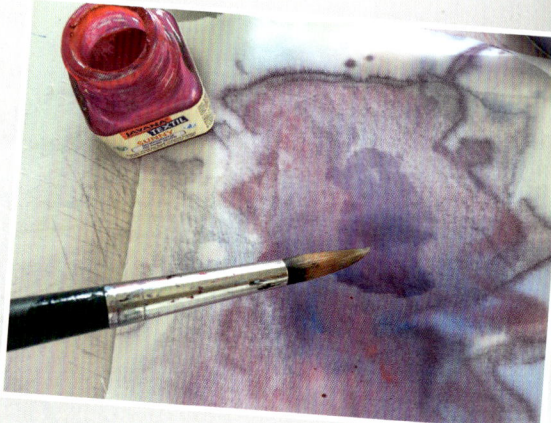

TIPP

Geeignet sind ganzjährige Grünpflanzen mit kleinen Wurzeln und geringem Wasserbedarf, z.B. Sukkulenten oder Hauswurz. Gießen Sie Ihre Pflanzen, indem Sie den Rahmen hinlegen und die Pflanzen mit einem Sprinkler mit Wasser benetzen. Achten Sie darauf, dass Sie die Pflanzen gleichmäßig feucht, aber nicht zu nass halten.

OPULENTER BILDERRAHMEN

Sukkulenten mal vertikal

1 Entfernen Sie zunächst die Rückwand und das Glas des Bilderrahmens. Die Größe des Glases entspricht der späteren Innengröße der nun für den Unterbau zu bauenden Kiste: Passen Sie die Maße des Holzbretts und der Holzleisten dementsprechend an, sägen Sie die Teile zu und glätten Sie die Sägeränder. Kleben Sie nun die Leisten zunächst zu einem Viereck zusammen und danach auf das Brett, sodass eine Kiste entsteht. Die Kiste wenden und den Boden zusätzlich mit Nägeln fixieren.

2 Bohren Sie für die Aufhängung zwei Löcher 2,5 cm vom oberen Rand entfernt durch die Bodenplatte in die Seitenleisten der Kiste. Die Außenseiten der Kiste mit Acrylfarbe silberfarben bemalen. Nach dem Trocknen die Kiste innen mit Folie auslegen und die Folie mit dem Möbeltacker oben an den Wänden befestigen.

3 Die Kiste zunächst mit Blumenerde füllen und danach mit der Moosplatte bedecken. Damit die Füllung beim Aufhängen in der Kiste bleibt, wird diese nun mit Blumendraht in einer grobmaschigen Gitterform fixiert. Dazu beim Auslegen des Gitters die Drahtschlingen ebenfalls im oberen Bereich der Kistenseitenwände festtackern. Den Rahmen auf die Kiste kleben, hierfür zuerst die Klebestellen leicht mit Schmirgelpapier anrauen.

4 Abschließend den Rahmen bepflanzen: Mit den Fingern oder einem Löffelstiel Löcher in die Moosplatte bohren und einzelne Pflänzchen einsetzen.

MOTIVHÖHE

26 cm

MATERIAL

Barockrahmen in Silber, 45 cm x 26 cm x 3 cm

Holzbrett, 42 cm x 23 cm, 5 mm stark (für den Rahmenboden)

Holzleiste, 6 cm x 1,5 cm, je 2x 23 cm und 2x 39 cm lang

stabile Folie, 35 cm x 55 cm

Acrylfarbe in Silber

Blumenerde

Moosplatte

Sukkulenten, Hauswurz

Holzleim

Nägel, 1,5 cm lang

Blumendraht

WERKZEUG

Säge

Hammer

Bohrmaschine mit Holzbohrer, ø 6 mm

Pinsel

Möbeltacker

Schmirgelpapier

● ● ○

ALTE GERÄTE

mit Draht überspannt

1 Geräte an der Stelle, welche Sie bepflanzen möchten, mit dem Maschendraht ausformen, sodass eine Art Drahttasche entsteht. Diese mit dem Blumendraht am Gerät befestigen.

2 Pflanztasche mit Moos auskleiden und mit Erde befüllen. Die Pflanzen aus den Töpfen nehmen und durch die Löcher im Draht hindurch einpflanzen. Falls der Wurzelballen größer ist, können Sie an einzelnen Stellen auch Löcher in den Draht schneiden, indem Sie einen Querdraht entfernen.

3 Zum Wässern entweder die Pflanzen mit Wasser besprühen oder das Wasser vorsichtig auf den Erdbereich gießen.

MATERIAL

alte Geräte wie Kirschpflücker, Forke, Rechen, Kehrschaufel, Drahtkorb u. Ä.

großmaschiger Hasendraht

schwarzer Blumendraht

Blumenerde

frisches Moos

Sukkulenten

WERKZEUG

Drahtzange oder alte Schere

BEPFLANZTE KiSTEN

für grüne Wände

1 Holzkisten mit Folie auskleiden und diese
unterhalb der Kante festtackern, sodass sie
von außen nicht zu sehen ist. Bei den Blechdosen können Sie je nach Größe entweder
Folie mit doppelseitigem Klebeband befestigen oder einen Gefrierbeutel benutzen, um
das Metall vor Wasser und daraus resultie-
rendem Rost zu schützen.

2 Gestalten Sie die Kisten auf Wunsch noch mit
Akzenten aus Farbe. Der Vintagestil sieht
besonders gut aus mit den Farben Weiß, Grau
und Türkis.

3 Die Kisten bepflanzen. Entweder die Töpfe in
die Kisten stellen, je nach Schubladengröße
können das mehrere sein, oder die Pflanzen
direkt hineinpflanzen. Da die Kisten keinen
Ablauf haben, empfiehlt es sich, hier mit
Blähton (Hydrokultur) zu arbeiten. Machen
Sie eine Drainage, indem Sie im unteren
Viertel der Kiste zunächst Blähton verwenden
und dann erst Erde.

4 Nun die Kisten mit Schrauben und Dübeln an
einer Wand in unterschiedlichen Höhen
aufhängen.

MATERIAL

alte Holzschubladen oder Kisten

alte Blechdosen, z.B. aus der
Apotheke

wasserdichte Folie

Gefrierbeutel, 1 l

Schrauben, 3,5 cm lang

Dübel

Blumenerde

Blähton (wird nur benötigt, wenn
die Pflanzen direkt in die Kisten
gepflanzt werden)

evtl. Holzlack in Grau, Weiß oder
Türkis

WERKZEUG

Tacker

VERFÜHRERISCHES BEET

leckeres Gemüse für den Balkon

1 Tütenspender testweise einmal zusammenbauen, dann richtig herum auf den Tisch
legen und den Jutesack auf die gleiche Größe
zuschneiden.

2 Überall da, wo Löcher sind, die Sie später
bepflanzen möchten, einen kreuzweisen
Schnitt in die Jute machen, durch den später
die Pflanze gesteckt wird.

3 Im unteren Bereich bereits jetzt einige Pflanzen vorsichtig von innen durch die Löcher
stecken, sodass die Wurzelballen innen
liegen.

4 Den Tütenspender zusammenstecken und
den unteren Bereich mit Erde befüllen, sodass die Jute zwischen Erde und Kunststoff
liegt. Weitere Pflanzen von innen mit dem
Grünzeug durch die Löcher stecken und
stückweise mit Erde auffüllen.

MOTIVHÖHE

45 cm

MATERIAL

Tütenspender

Jutesack (zB Kaffeesack,
Kartoffelsack o. Ä.)

Blumenerde

Erdbeer- und Gemüsepflanzen

WERKZEUG

Schere

● ○ ○

5 Pflanzen von außen zurechtdrücken und
restliche Erde auffüllen. Dann das Beet mit
zwei Schrauben an der Wand befestigen.

6 Langsam von oben gießen und etwas warten,
ob das Wasser bis nach unten durchgesickert
ist und alle Pflanzen Wasser erhalten. Bei
Bedarf etwas nachgießen.

TIPP
Ob das Wasser bereits unten angekommen ist, können Sie prüfen, indem Sie in einem der unteren Löcher mit dem Finger den Feuchtegrad der Erde prüfen.

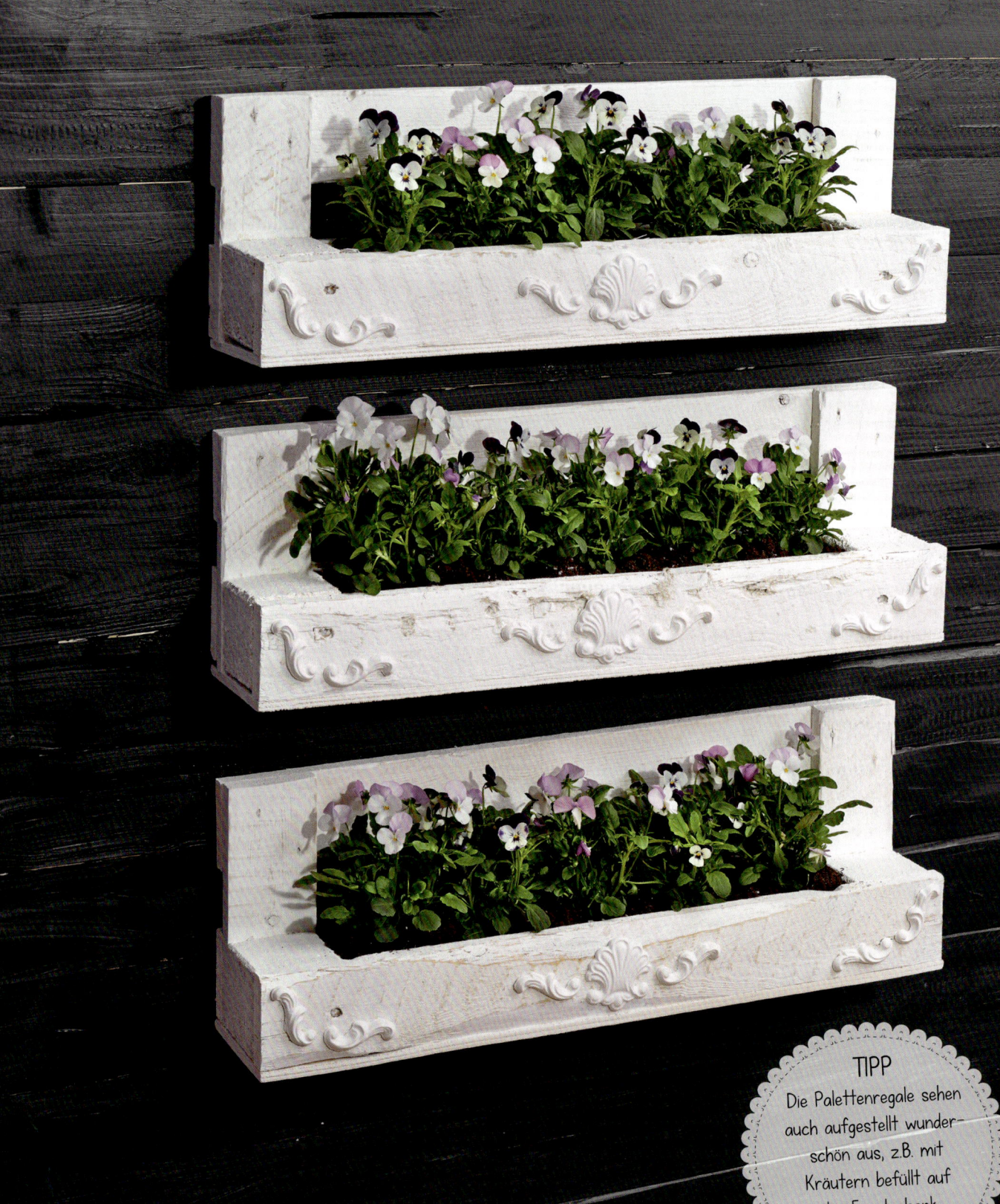

TIPP

Die Palettenregale sehen auch aufgestellt wunderschön aus, z.B. mit Kräutern befüllt auf der Fensterbank Ihrer Küche.

PALETTENREGALE MIT STUCKORNAMENTEN

schlicht mit schönen Details

1 Sägen Sie die Palette mit der Stichsäge in drei Teile, sodass die zukünftigen Blumenfächer jeweils über einen Leistenbügel verfügen. Palettenzuschnitte mit Schmirgelpapier glätten. Die Bretter jeweils als Boden annageln. Die Folie zuschneiden, das Blumenfach damit auslegen und die Folie am oberen Rand mit Reißzwecken fixieren.

2 Streichen Sie alle Blumenfächer mit der mit Wasser verdünnten Acrylfarbe an. Um den rauen Charakter der Regale zu verstärken, die Farbe nach dem Trocknen mit Schmirgelpapier wieder leicht abtragen.

3 Das Gießpulver laut Verpackungsangabe anrühren und mit einem Teelöffel in die Gießornamente geben. Die Formen leicht rütteln, damit sich die Gießmasse gut verteilt, und zum Aushärten gerade lagern, z.B. in einem sandbefüllten Gefäß.

4 Nach dem Trocknen die Ornamente aus der Form entnehmen und fertig aushärten lassen. Die Ränder mit Schmirgelpapier oder einer kleinen Feile säubern. Kleben Sie die Stuckornamente auf die Regale, bepflanzen Sie die Regale und befestigen Sie sie an der Wand.

MOTIVHÖHE

20 cm (je Regal)

MATERIAL

Halbpalette, 60 cm x 80 cm x 13 cm

3 Bretter, 60 cm x 13 cm, 1 cm stark

stabile Folie zum Ausgleiten, 3x 65 cm x 30 cm

Gießornamente, 6,5 cm x 5,5 cm und 2x 6 cm x 2 cm

Raysin Gießpulver

Blumenerde

Hornveilchen

Schmirgelpapier

Nägel, 3 cm lang

Reißzwecken

Acrylfarbe in Weiß

Klebstoff, z.B. Montagekleber

evtl. sandbefülltes Gefäß zum Betten der Gießformen

WERKZEUG

Löffel

Stichsäge

Hammer

evtl. kleine Feile

37

VON OBEN
HERAB

HÄNGEBEET

hübsche Deko aus Rohren

1 Die gewünschte Breite des Beets festlegen (hier 45 cm). Die Länge mit einem Bleistift auf der Dachrinne anzeichnen und das Stück mit der Metallsäge absägen. Die Sägekante mit Feile und Schleifpapier glätten, bis die Endstücke testweise aufgesetzt werden können.

2 Die Endstücke an beiden Seiten etwa auf gleicher Höhe anbohren. Bei vier der sechs Endstücke ebenfalls unten in der Mitte ein Loch bohren. Unbedingt darauf achten, dass Sie den Überblick behalten, welches rechte und linke Teile sind.

3 Nun in zwei der drei Rinnen mittig in die Rundung einige Abflusslöcher bohren. Bohren Sie von außen, damit der Grat später nicht von außen zu sehen ist.

4 Den Kleber auftragen und die Endstücke an den Rinnenstücken befestigen und trocknen lassen. Achten Sie darauf, dass Sie die beiden Endstücke ohne Löcher an dem Rinnenstück befestigen, welches keine Abflusslöcher hat.

Dieses Rinnenstück kommt nach ganz unten. Befestigen Sie vier Perlen an jeweils einem Faden und fädeln Sie diese von außen durch die Löcher am Ende des unteren Stücks. Nun beide Fäden einer Seite von außen nach innen durch das mittlere Loch des nächsten Beets fädeln und innen beide durch eine Perle ziehen und mit einem Knoten fixieren.

5 Verfahren Sie beim nächsten Beet genauso. Die Fäden ganz oben an den äußeren Löchern deutlich länger zuschneiden, sie dienen der Aufhängung. Knoten Sie diese zur vorläufigen Fixierung zu einer Schlaufe und hängen Sie das Beet testweise auf. Nun können Sie die einzelnen Ebenen justieren, indem Sie die Fäden, die sie kürzen möchten, etwas durch die jeweilige Perle nach innen ziehen und einen neuen Knoten setzen. Den restlichen Faden danach abschneiden.

6 Nun die Höhe der Aufhängeseile endgültig bestimmen und diese ebenfalls entsprechend kürzen.

7 Zum Schluss die Beete wie gewünscht bepflanzen. Beim Gießen nicht zu üppig wässern. Den Pflanzen im unteren Beet brauchen Sie gar kein oder nur wenig Wasser geben, da das überflüssige Wasser aus den oberen Beeten dorthin abfließt.

MOTIVHÖHE

74 cm

MATERIAL

Aludachrinne, ø 100 mm, 2 m lang

3 Endstücke für linke Seiten

3 Endstücke für rechte Seiten

dünnes Seil oder stabiler Faden

16 Holzperlen, Farbe nach Wunsch

für Aluminium geeigneter Kleber

WERKZEUG

Metall-Handsäge

Maßband

Feile

Metallschleifpapier

Bohrmaschine mit Metallbohrer

● ● ●

TIPP

Lassen Sie die Fäden erst
noch etwas länger, als Sie
diese später haben wollen, und
richten Sie diese ganz am
Ende genau aus. Sie können
sie dann noch kürzer knoten
und den Rest abschneiden.

MAKRAMEE-AUFHÄNGUNG

in leuchtenden Blautönen

1 Für eine Aufhängung vier 4 m lange Stücke Textilgarn zuschneiden. Die Schnüre jeweils bis zur Mitte durch den Holzring führen. Eine senkrechte Schlaufe auf die Schnüre unterhalb des Rings legen. Das eine Ende sollte sicht- und greifbar nach oben zeigen.

2 Die restliche Schnur durch die Schlaufe hindurchführen. An beiden Schnurenden ziehen, am oberen etwas weniger stark, damit der Knoten unter der gewickelten Schnur verschwindet. Die überstehenden Enden abschneiden. Die Schnüre in vier 2er-Paare aufteilen und ab 40 cm in jedes Paar auf gleicher Höhe einen Knoten knüpfen.

3 Anschließend die Enden der 2er-Paare nehmen und diese etwas weiter unten mit der Nachbarschnur verknoten. Wer mag, kann zwischendurch Perlen auffädeln. Je nach Größe des Blumentopfs diese Knüpftechnik wiederholen, bis ein Netz entstanden ist, das um den Blumentopf passt. Aus den Enden aller acht Kordeln einen Knoten machen und nach Wunsch die Enden kürzen.

MOTIVHÖHE
1 m

MATERIAL
Textilgarn in Hellblau und Türkis, ø 0,9 cm

Holzperlen, ø 3,5 cm

Holzring, 4 cm

3 Blumentöpfe, ø 10 cm, 12 cm hoch

Acrylfarbe in Rosa, Gelb und Hellblau

WERKZEUG
Schere

Pinsel

● ● ○

BLUMENAMPEL AUS MESSiNGKÖRBEN

moderne Homedeko

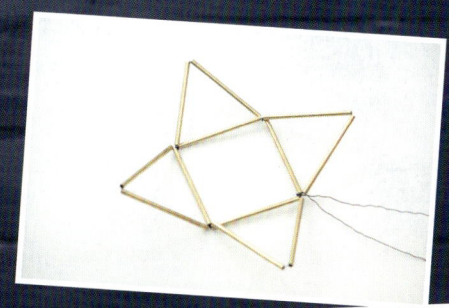

1 Das Messingrohr mit dem Rohrschneider in zwanzig 7 cm lange Stücke schneiden. Dazu den Rohrschneider jeweils an der zuvor abgemessenen Stelle festspannen und um das Rohr führen, bis dieses durchtrennt ist. Bei Bedarf den Rohrspanner immer wieder nachspannen.

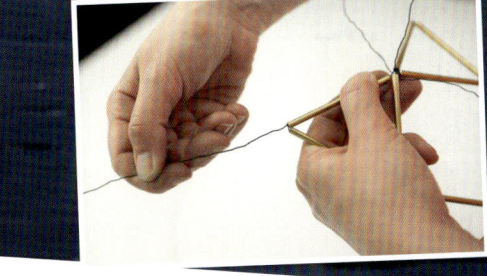

2 Fädeln Sie vier Messingröhrchen mittig auf den Blumendraht auf und formen Sie die Röhrchen zu einem Quadrat. Die Blumendrahtenden zum Fixieren des Quadrates miteinander verknoten.

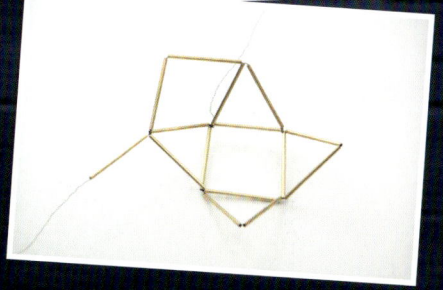

3 Stecken Sie nun nach und nach zu jeder Kantenseite des Quadrates zwei Messingröhrchen auf den Draht und biegen Sie daraus eine Spitze. Sichern Sie deren Position ebenfalls, indem Sie den Draht dabei etwas um den Draht der Quadratecken wickeln. Richten Sie nun die angebauten Spitzen leicht auf.

4 Die Drahtenden jeweils durch eines der in Punkt 3 angebrachten Messingröhrchen nach oben bzw. außen führen. Dort erneut ringsum je zwei Röhrchen aufstecken, welche ebenfalls nach außen spitz zulaufend gebogen und anschließend am bereits bestehenden Werk fixiert werden. Die übrig gebliebenen Drahtreste gut befestigen und dann in den Rohren „vernähen".

5 Die Kordeln als Aufhängung anknoten und den Blumentopf mit den Blumen in den Messingkorb stellen.

MOTIVHÖHE
11,5 cm (Messingkorb)

**MATERIAL
(JE BLUMENTOPF)**
Blumentopf, ø 14 cm, 12 cm hoch
Messingrohr, ø 4 mm, 1,4 m lang
Blumendraht, 2,5 m lang
Kordel in Gold, 2x 1,5 m lang
Schwertfarn

WERKZEUG
Rohrschneider
Seitenschneider
Lineal

TÖPFE AN DER STANGE

aufgereiht und farbenfroh

1 Grundieren Sie zunächst die Blumentöpfe in Weiß und lassen Sie die Farbe gut trocknen. Sprühen Sie dann den zweiten Farbton auf, sodass die Farbe von unten nach oben hin schwächer wird.

2 Wenn die Farbe getrocknet ist, die Blumentöpfe nach und nach auf die Gewindestange auffädeln und jeweils mit einer Unterlegscheibe und einer Mutter oben und unten fixieren. Zum Schluss für die Aufhängung die Ringmutter oben auf die Gewindestange aufschrauben.

MOTIVHÖHE

100 cm

MATERIAL

4-5 Terrakottatöpfe, ø 13 cm, 14 cm hoch

mattes Farbspray in Weiß, Rosa, Hellgrün, Hellblau und Petrol

Gewindestange ø 1 cm, 1 m lang

8 Muttern, ø 1 cm

8 Unterlegscheiben, ø 1 cm

Ringmutter, ø 1 cm

WERKZEUG

Pinsel

MiNi-TERRARiEN

hängend in Glaskugeln

1 Es gibt eine vielfältige Auswahl an Glaskugeln, Glastropfen und anderen Formen mit
runden oder flachen Böden. Zum Bepflanzen
eignen sich am besten runde Böden, da etwas
mehr Erde hinein passt, aber auch die flachen
sind für kleinere Pflanzen geeignet. Suchen
Sie nach Ihrem Geschmack aus. Je Glaskugel
wird nur eine Mini-Pflanze verwendet. Wählen Sie diese zunächst lieber kleiner, sodass
sie gut in die jeweilige Kugel passt und noch
etwas wachsen kann.

2 Die Pflanzen aus dem Töpfchen nehmen und
den Wurzelballen vorsichtig unten öffnen
und in die Breite ziehen. Überflüssige Erde
entfernen. Falls der Topf bereits komplett mit
Wurzeln ausgefüllt war und kaum mehr Erde
vorhanden war, können äußere Teile der
Wurzeln vorsichtig entfernt werden.

3 Die Glaskugeln mit Glasreiniger innen und
außen putzen und gut trocken reiben. Mit
einem Löffel wenig Erde in den Boden der
Kugel füllen und in der Mitte eine Vertiefung
hineindrücken. Die Pflanze vorsichtig durch
die Öffnung in die Kugel schieben und die
Wurzeln in die Vertiefung drücken. Nun die
Wurzeln etwas mit Erde bedecken und alles
andrücken. Bei Bedarf von außen noch Erde
nachfüllen. Wenn Ihnen dies optisch gefällt,
können Sie nun rund um die Pflanze die Erde
mit etwas frischem Moos bedecken. Moos hat
den Vorteil, dass es zusätzlich Wasser speichern kann. Wenn Sie bei der weiteren Arbeit
mit der geputzten Kugel Latexhandschuhe
tragen, bekommt die Glaskugel keine Finger-
abdrücke und kann später direkt aufgehängt
werden. Vor allem die Reinigung innen ist
nach dem Bepflanzen schwierig.

4 Die fertigen Kugeln an einer hellen Stelle
aufhängen, an der die Pflanzen genug Licht
bekommen. Das kann frei im Raum mit kleinen
Haken an der Decke sein oder direkt vor einem
Fenster, indem die Bänder mit kleinen Nägelchen an der Leibung oberhalb des Fensters
fixiert werden. Je nachdem, ob Sie die Kugeln
möglichst unsichtbar aufhängen möchten oder
mit dem Band einen Akzent setzen wollen,
benutzen Sie Nylonband oder hübsche Bänder
(z.B. schmales Satinband) zum Aufhängen.
Hier wurde Silberfaden benutzt.

5 Nun die Pflanzen durch großzügiges Besprühen mit dem Blumensprüher das erste Mal
wässern.

MOTIVHÖHE

ø 8, 10 und 13 cm

MATERIAL

Glaskugeln in
verschiedenen Größen

kleine fleischfressende
Pflanzen

Spezialerde für fleisch-
fressende Pflanzen oder
Zimmerpflanzenerde

evtl. etwas Moos

Nylonband, Silberfaden
oder hübsche Bänder
zum Aufhängen

WERKZEUG

Löffel

Latexhandschuhe

● ○ ○

51

TIPP

Fleischfressende Pflanzen sind hübsch und fangen je nach Sorte kleine Fruchtfliegen oder sogar Stubenfliegen. Bei sogenannten Kannenpflanzen können Sie am Ende einige der Kannen aus der Öffnung heraushängen lassen. Das erleichtert der Pflanze das Anlocken der Beute über süßen Nektar. Gerade fleischfressende Pflanzen mögen es feucht und können täglich besprüht werden. Ihnen macht es auch nichts aus, wenn etwas Wasser in der Kugel steht.

BLUMEN-MOBILE

peppiges Arrangement aus Dosen

1 Bemalen Sie die Dosen gestreift oder einfarbig und lassen Sie den Lack gut trocknen. Die Blüten und Ornamente nach Wunsch mit den Lackmalstiften aufmalen. Kleben Sie dann die Bordüren mit Bommeln um den Dosenrand.

2 Bohren Sie jeweils rechts und links 2,5 cm vom Dosenrand entfernt Löcher für die Aufhängung in die Dose. Fädeln Sie die Kordel jeweils von innen durch die Löcher, fädeln Sie dann eine Perle auf und verknoten Sie danach das Kordelende. Befestigen Sie anschließend alle Dosen an ihren Aufhängungen am Metallring.

3 Knoten Sie vier kürzere Kordelstücke in gleichen Abständen an den Metallring, führen Sie sie zusammen und verbinden Sie sie für die Aufhängung des Mobiles mit dem Holzring. Nun noch zur Dekoration verschiedenfarbige, 12 cm lange Bänder an den Metallring anknoten. Zum Schluss jeweils drei 10 cm lange Bänder durch die größeren Perlen fädeln und die Perlen mit Heißkleber unten an den Dosen befestigen.

MOTIVHÖHE

150 cm

MATERIAL

5 Metalldosen, ø 10 cm, 12 cm hoch

Bordüren in Pink und Grün mit Bommeln

Kordel 3,5 m lang

Holzperlen in Grün, 10x ø 5 mm und 5x ø 10 mm

Metallring, ø 20 cm

Holzring, ø 4 cm

Bänderreste in Pink, Rot, Gelb und Grün

Lackfarbe in Orange, Rot, Hellgrün und Gelb

Lackmalstifte in Lila und Pink

WERKZEUG

Pinsel

Metallbohrer

Heißkleber

BEPFLANZTER KÄFiG

mit hängenden Pflanzen

1 Falls Sie einen alten Käfig verwenden, müssen Sie diesen zunächst vorbereiten. Entstauben Sie den Käfig und lackieren Sie ihn in einer hellen Farbe oder behandeln Sie – falls Sie die natürliche Patina erhalten möchten – den Käfig mit einem farblosen Rostschutz, damit er durch das Gießen und Besprühen der Blumen nicht weiter rostet. Wenn Sie einen auf alt gemachten neuen Dekokäfig verwenden, entfällt dieser Schritt.

2 Die Bodenschale mit für die ausgewählten Pflanzen passender Erde befüllen. Wenn Sie verschiedene Pflanzen verwenden, beispielsweise eine Orchidee und Farnpflanzen oder Sukkulenten, können Sie die Schale in verschiedene Bereiche mit unterschiedlicher Erde unterteilen. Wenn Sie in dem Bereich, in dem Sie die Orchidee pflanzen möchten, spezielle Blumenerde für Orchideen verwenden, erleichtert dies später die Pflege der Orchidee ungemein, da die spezielle Erde das Wasser anders speichert und Sie diese nur besprühen müssen.

3 Die Schale bepflanzen und vorsichtig von oben in den Käfig einsetzen. Bei alten Käfigen lässt sich oft der Boden lösen, sodass Sie von unten kommen müssen. Die hängenden Pflanzenteile durch verschiedene nebeneinanderliegende Lücken zwischen den Gitterstäben stecken und vorsichtig von außen herausziehen.

4 Ein zum Käfig passendes Hanfseil auf die passende Länge zuschneiden. An einem geeigneten Platz, an dem die Pflanzen genügend Licht erhalten, ein Loch in die Decke bohren und einen Dübel mit einem Schraubhaken befestigen. Nun den Käfig mit dem Seil daran befestigen.

MOTIVHÖHE

35 cm

MATERIAL

Käfig im Antiklook

flache Schale, die in den Käfigboden passt (hier Kunststoffuntersetzer, ø 20 cm)

grobes Hanfseil

Miniorchidee, kleine Tropenpflanze, Hängepflanzen

Blumenerde (2/3 Grünpflanzenerde, 1/3 Orchideenerde)

ZAUBERHAFTE KOKEDAMA

dekorative Mooskugeln

Kokedama ist eine aus Japan stammende Art, Pflanzen zu kultivieren – ähnlich wie die bekannte Bonsai-Gartenkunst. Kokedama sind auch für Anfänger problemlos umsetzbar und fast mit jeder Pflanze möglich. Auch als Geschenk toll und schnell gemacht. Es gibt zwei Möglichkeiten, Kokedamas zu machen. Die traditionelle Art mit Blumenerde wird hier gezeigt. Auf der nächsten Seite wird eine Variante mit Steckschaum erklärt.

1 Eine größere Schüssel nehmen und mit möglichst großen Moosstücken auslegen. Die grüne Oberseite zeigt dabei nach unten Richtung Schüsselboden.

2 Etwa zwei Hand voll Erde in die zweite Schüssel geben und mit etwas Wasser vermischen. Nach und nach vorsichtig so viel Wasser zugeben, dass die Erde gut durchfeuchtet ist und sich zu einer Kugel formen lässt. Die Kugel zwischen den Händen ausdrücken.

3 Die Erdkugel in die erste Schüssel mit dem Moos legen, mit den Fingern eine Kuhle in die Mitte der Kugel drücken und das Loch vorsichtig vergrößern. Die gewünschte Pflanze aus dem Topf nehmen und die alte Erde entfernen. Den Wurzelballen in das Loch in der Mitte der Kugel stecken. Bei Bedarf die Kugel etwas mit den Händen öffnen und neu um die Wurzeln formen. Wichtig ist, dass Sie am Ende eine feste Erdkugel um die Wurzel haben.

MOTIVGRÖSSE
Nach Wunsch und nach Wurzelgröße der ausgewählten Pflanzen

MATERIAL
frische Moosplatten

Pflanzen

Blumendraht oder Nylonband
(hier schwarzer Blumendraht)

Zierbänder, Papierumwickelter Draht o.Ä.
(hier Draht mit rotem Papier umwickelt)

torfhaltige Blumenerde

2 größere Schüsseln

VARIANTE
Steckschaumkugel statt Blumenerde

5   Nun die Kokedama verzieren, indem Sie sie am
    Ende mit bunt ummanteltem Draht oder Zier-
    bändern umwickeln und daran aufhängen.
    Dies geht am besten, wenn man ein langes
    Stück Draht abschneidet und durch einen
    festen Bogen Draht an der Kugel fädelt. Durch-
    ziehen und das Ende um den Draht wickeln.
    Nun können Sie Ihre Kokedamas aufhängen.
    Dies geht im Grunde überall, drinnen wie auch
    draußen. Achten Sie lediglich darauf, dass die
    Pflanzen genug Licht bekommen und wählen
    Sie diese bereits nach dem späteren Hän-
    ge-Ort aus.

4   Die Erdkugel auf dem Moos liegend mit die-
    sem auch oben bedecken und das Moos rund
    herum andrücken. Die Kugel vorsichtig hoch-
    heben und beginnen mit Draht zu umwickeln.
    Erst grob in jede Richtung einmal um die
    Kugel wickeln, damit das Moos hält, und dann
    einzelne noch lose Bereiche durch weiteres
    Umwickeln fixieren. Lücken mit weiteren
    Moosstücken auffüllen. Es muss sich ein fester
    Ball aus Moos ergeben, der nicht zerfällt.
    Außerdem sollte keine Erde mehr zu sehen
    sein.

6 Zum Gießen mit reichlich Wasser besprühen. Man kann auch vorsichtig etwas Wasser auf die Oberfläche gießen oder die Kugel abhängen und in einem Eimer wässern, abtropfen lassen und wieder aufhängen. Dies ist besonders bei Orchideen und anderen Pflanzen, die nur gelegentlich gewässert werden mögen und dann lange davon zehren, besonders sinnvoll.

VARIANTE

Wenn Sie sich das Formen der Erde nicht zutrauen oder eine Pflanze verwenden möchten, die einen sehr hohen Wasserbedarf hat, besteht auch die Möglichkeit, mit einer fertigen Steckschaumkugel zu arbeiten. Diese ist in der Lage, sehr viel Wasser aufzusaugen und zu speichern. Dies erleichtert auch das Gießen im Innenbereich, da das Risiko minimiert wird, dass durch übermäßiges Gießen Wasser herunter auf den Boden tropft.

Der Steckschaum wird anstelle der Erde verwendet. In die Kugel wird oben mit einem Löffel ein Loch geformt, in das der Wurzelballen hineinpasst. Anschließend wird der Steckschaumball ebenso mit Moos umhüllt und fixiert wie die Erdkugel (siehe Arbeitsschritte 3–5).

TIPP

Probieren Sie Kokedamas zu allen Jahreszeiten. Sie müssen die Kugeln nicht immer aufhängen. Auch als Tischdeko auf kleinen Untersetzern sehen z.B. Frühlingspflanzen wie Hyazinthen wunderschön aus. Auch schön ist es, wenn Sie Ihre Kokedama im Garten verwenden z.B. in Bäume gehängt.

DUFTENDER ROSENGARTEN

einfach und doch effektvoll

1 Messen Sie die Regalbretter aus und markieren Sie die späteren Bohrstellen. Dazu bestimmen Sie zunächst die Brettmitte. Diese ist die Kreismitte für den mittleren Blumentopf. Die Kreismitte für die beiden äußeren Töpfe zeichnen Sie jeweils mittig 10 cm von den seitlichen Bretträndern entfernt ein. Markieren Sie nun bei allen Regalbrettern 1,5 cm von den Ecken entfernt die Stellen für die Bohrlöcher der Seilaufhängung.

2 Bohren Sie zunächst die kleinen Löcher für die Seilaufhängung. Die großen Löcher für die Blumentöpfe können Sie entweder mit dem Fräsbohrer oder mit der Laubsäge heraussägen. Wenn Sie mit der Laubsäge arbeiten, mit dem Zirkel 10 cm große Kreise aufzeichnen, jeweils ein Loch hineinbohren, darin die Laubsäge bespannen und den Kreis aussägen. Verwenden Sie dazu ein rundes Sägeblatt, da dieses in alle Richtungen sägen kann. Die Lochränder mit Schmirgelpapier glätten. Die Regalbretter weiß lackieren.

3 Um die Seile für die Aufhängung anzubringen, beginnen Sie mit dem untersten Regalbrett. Verwenden Sie für jede Regalseite ein Seil. Führen Sie das Seil jeweils zur Hälfte von oben durch das eine Loch auf die Unterseite des Brettes und durch das zweite Loch wieder von unten auf die Oberseite zurück. Fixieren Sie dabei das Seil auf der Unterseite des Regalbretts mit zwei Knoten, damit es später nicht verrutschen kann.

4 Machen Sie nun in jedes Seil 30 cm vom untersten Regalbrett entfernt jeweils einen Knoten und fädeln Sie das mittlere Regalbrett auf. Danach wieder nach 30 cm Knoten in jedes Seil machen und das oberste Regalbrett auffädeln. Oben alle vier Seile zusammenführen und mit einem Doppelknoten zu einer Schlaufe zusammenknoten. Das Regal an der Schlaufe aufhängen und die Blumentöpfe in die runden Aussparungen stellen.

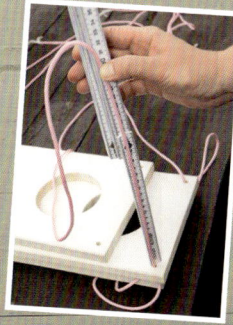
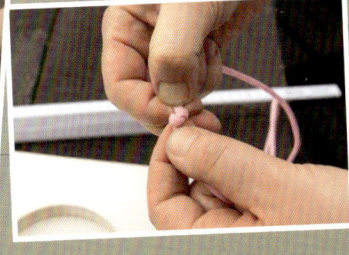

MOTIVHÖHE

1 m

MATERIAL

3 Regalbretter aus Kiefernholz, 60 cm x 20 cm, 2 cm stark

2 Paracordseile in Rosa, ø 3,5 mm, je 2 m lang

9 Blumentöpfe (leicht konisch), ø 9 cm, 10 cm hoch

Efeu und Zwergrosen

matter Acryllack in Weiß

Schmirgelpapier

WERKZEUG

Metermaß

Bohrmaschine mit Holzbohrer, ø 8 mm

Fräsbohrer, ø 10 cm, oder Laubsäge mit rundem Sägeblatt und Zirkel

Pinsel

● ● ○

ZARTE FANTASIEWESEN

aus Luftpflanzen

1 Zunächst testen, welche Luftpflanze am besten in welche Muschel passt und in welcher Position diese später hängen sollen. Am oberen Punkt das Loch anzeichnen.

2 Mit einem kleinen Metallbohrer jeweils ein Loch pro Muschel bohren. Den Faden in der Länge großzügig zuschneiden, sodass Sie später die Hängehöhe noch variieren können, jeweils von außen durch das Loch fädeln und innen eine Perle ans Ende knoten. Den Faden komplett nach außen ziehen, sodass die Perle innen in der Muschel liegt.

3 Die Luftpflanzen mit Heißkleber in den Muscheln befestigen und trocknen lassen.

4 Die fertigen Muscheln in verschiedener Höhe an dem Treibholz befestigen und dieses mit Faden aufhängen.

MOTIVHÖHE

7–10 cm

MATERIAL

5 Schneckenhäuser und Muscheln

5 Luftpflanzen

Stück Treibholz oder alter Ast

stabiler Faden zum Aufhängen

5 Perlen (hier Holzperlen, ø 7mm)

WERKZEUG

kleiner Metallbohrer
(etwas dicker als der Faden)

Bohrmaschine

Heißklebepistole

● ● ○

Nicht zu viel gießen. Der Filter
kann nur kleine Mengen überschüssiges Wasser auffangen, bei
größeren fängt es irgendwann an
zu tropfen.

UP-SiDE DOWN

Up-Side Down

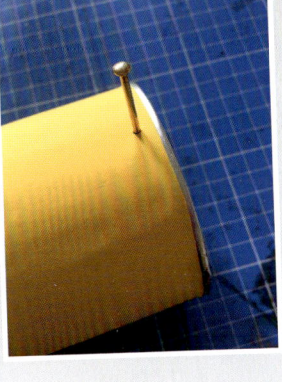

1 Bei den Kaffeedosen mit einem Dosenöffner den Boden heraustrennen. Das herausgetrennte Stück auf die Schneidunterlage oder ein Brett legen und mit Hammer und Nagel kleine Löcher hineinschlagen. Dann den Boden wieder ein Stück tiefer einsetzen und mit Klebeband fixieren. Die Öffnung dient später zum Gießen. Unbedingt aufpassen, da die Schnittkanten scharf sein können.

2 Die Papiere auf die Größe der Dosen zuschneiden und diese bekleben.

3 Mit dem Nagel zur Aufhängung am oberen Ende jeder Dose zwei Löcher machen.

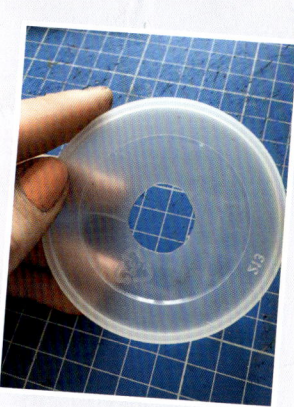

4 Die Dosen richtig herum aufstellen und mit Erde befüllen und die Kräuter hineinpflanzen. Dann pro Dose je einen Kaffeefilter kreisförmig zuschneiden, seitlich gerade einschneiden und innen mit einem weiteren Loch versehen, sodass er um die Pflanze gelegt werden kann.

5 In die Kunststoffdeckel der Dosen mittig möglichst kleine Löcher schneiden, sodass das Grün der Pflanzen vorsichtig hindurch gesteckt werden kann. Sitzen alle Deckel auf den Dosen, sind die Up-Side-Down-Töpfe fertig und können umgedreht aufgehängt werden.

6 Zum Gießen vorsichtig Wasser in den oberen Teil schütten.

MOTIVHÖHE
ca. 18 cm

MATERIAL
3 leere Alu-Kaffeedosen
Papier zum Bekleben
Alleskleber
Klebeband
3 Kaffeefilter

WERKZEUG
Lineal
Cutter mit Unterlage
Dosenöffner
dünner Nagel
Hammer
Schere

HÄNGENDER KRÄUTERGARTEN

originell übereinander gehängt

1 Kleben Sie die Klebepunkte jeweils auf den unteren Teil der Blumentöpfe auf und grundieren Sie diese mit Acrylfarbe. Die Farbe leicht antrocknen lassen und die Klebepunkte noch vor dem endgültigen Trocknen entfernen (evtl. mit einer Stecknadel). Kleben Sie die Tafelfarbesticker mittig auf die Blumentöpfe auf.

2 Schneiden Sie vier 1,5 m lange Kordeln zu. Knoten Sie jeweils an die Enden der Kordeln einen dicken Knoten. Öffnen Sie den Stickrahmen und legen Sie die Kordeln hinein, sodass die Knoten unter dem Stickrahmen liegen. Stecken Sie den Innenring des Stickrahmens auf und verschließen Sie ihn. Fädeln Sie auf jede Kordel eine Perle auf.

3 Machen Sie nun 30 cm weiter oben wieder in jede Kordel einen Knoten. Befestigen Sie erneut einen Stickrahmen und fädeln Sie anschließend wieder jeweils eine Perle auf jede Kordel auf. Mit dem dritten Stickrahmen ebenso verfahren. Verknoten Sie die Enden der Kordeln zu einer Schlaufe und fädeln Sie die große Holzperle auf. Zum Schluss die Blumentöpfe in die Stickrahmen stecken.

MOTIVHÖHE

150 cm

MATERIAL

3 Metallblumentöpfe mit Zierrand in Weiß, ø 14 cm, 18 cm hoch

Kordel, 6 m lang

3 Holzstickrahmen, ø 10 cm

je 4 Perlen in Hellgrün, Mittelgrün und Dunkelgrün, ø 12 mm

Holzperle, ø 3,5 cm

80 Klebepunkte, ø 1-1,5 cm

3 ovale Tafelfarbesticker, 5 cm lang

Acrylfarbe in Mintgrün, Pastellgelb und Pastellrosa

WERKZEUG

Pinsel

evtl. Stecknadel

● ● ○

FRE**i**STEHEND

BLUMEN-ETAGERE

Aus Omas Porzellan

Grundieren Sie den Kerzenständer in Grau und lassen Sie die Farbe gut trocknen. Befestigen Sie dann die einzelnen Porzellanteile mit Kraftkleber auf den Kerzenhalterungen. Nun können Sie die einzelnen Gefäße nach Lust und Laune bepflanzen.

MOTIVHÖHE

35 cm

MATERIAL

5-armiger Holzkerzenständer

altes Porzellan, z.B. Zuckerdose, Suppentasse, Milchkännchen oder Tasse

Kreidefarbe in Steingrau

Kraftkleber

verschiedene Pflänzchen

WERKZEUG

Pinsel

● ● ○

TIPP
Die eingearbeiteten Abflusslöcher gegen Staunässe
können zum Optimieren des
Wasserhaushaltes mit Filter-
papier und einem kleinen
Kieselstein abgedeckt werden.

PFLANZSYSTEM AUS BETONGEFÄSSEN

beliebig kombinierbar

1 Bevor Sie mit dem Betonieren beginnen, befolgen Sie bitte die Hinweise der allgemeinen Anleitung von Seite 15. Zunächst die Gießformen vorbereiten: Dazu die Weinkorken mit dem Cuttermesser auf 4 cm kürzen. Einen Weinkorken mittig und die anderen Weinkorken seitlich in die Außenform kleben. Dann die Außenform innen und die Innenform außen mit Salatöl einölen. Befüllen Sie das Innengefäß zum Beschweren mit Sand.

2 Den Beton mit Wasser in dem alten Gefäß zu einer puddingähnlichen Konsistenz anrühren. Befüllen Sie die Außenform zu zwei Dritteln mit dem Beton. Dann die Innenform mittig bis zu den Korken in den Beton hineindrücken, sodass der Beton an den Seitenwänden emporsteigt. Um eventuelle Lufteinschlüsse im Beton zu entfernen, die Außenform leicht rütteln und beklopfen.

3 Den Beton in der Verschalung an einem trockenen, sonnengeschützten Ort zwei bis drei Tage lang aushärten lassen. Dann zunächst die Innenform vorsichtig herausziehen und anschließend die Außenform durch Stürzen des Betongefäßes entfernen.

4 Unebenheiten am Rand mit Schmirgelpapier ausbessern und das Betongefäß zwei Wochen lang nachhärten lassen. Danach mit einem spitzen Gegenstand, z.B. einem Schraubenzieher, die Korken entfernen.Fertigen Sie auf diese Weise 3 Gefäße. Damit diese später stabil aufeinander stehen, wird beim Bepflanzen durch das jeweils mittlere Loch ein Rundstab geführt.

MOTIVHÖHE

ca. 33 cm

MATERIAL

2 identische stark konische, stapelbare Blumentöpfe aus Plastik, ø 40 cm, 11 cm hoch (= Außenform + Innenform)

Beton (Quarzsand und Zement 2:1)

4 Weinkorken (pro Guss)

Klebstoff

Salatöl

Sand

Rundstab, ø 1,5 cm, 25 cm lang

WERKZEUG

Cuttermesser mit Unterlage

altes Gefäß (zum Anrühren)

Löffel, Maurerkelle oder Bohrmaschine mit Rühraufsatz (zum Anrühren)

Schraubenzieher

Schmirgelpapier

● ● ○

GETRÄNKEPACKS NEU GEDACHT

in hübscher Verkleidung

1 Grundieren Sie zunächst die Lamellentür und lassen Sie die Farbe gut trocknen. Malen Sie mit dem weißen Lackstift zur Verzierung ein paar Blüten und Ornamente auf den Rahmen auf. Schneiden Sie die Getränkepacks in Wunschhöhe (z.B. 12 cm hoch) mit einem Cutter zu und spülen Sie sie innen gut aus. Grundieren Sie die Getränkepacks in Weiß.

2 Rühren Sie im Verhältnis 1:1 eine Holzleim-Tapetenkleister-Mischung an und lassen Sie sie zehn Minuten lang ziehen. Nochmal gut durchrühren und den Stoff damit einkleistern. Klappen Sie die obere Kante des Stoffs 2 cm weit nach innen ein und drücken Sie sie gut fest. Legen Sie den Stoff dann um den Getränkepack herum und drücken Sie ihn glatt fest. Legen Sie an der Unterseite des Getränkepacks zunächst die beiden langen Seiten nach innen um. Die dadurch entstandenen Spitzen wie beim Geschenkeverpacken nach innen legen und festdrücken. Den Stoff gut trocknen lassen.

3 Stanzen Sie auf der Rückseite des Getränkepacks jeweils rechts und links ein Loch mit der Lochzange ein und befestigen Sie jeweils eine Öse. Stecken Sie die beiden Drahtenden durch die Ösen und fädeln Sie sie anschließend durch die Lamellen durch. Die Enden zu einem Haken biegen und leicht andrücken.

MOTIVHÖHE

80 cm

MATERIAL

Holz-Lamellentür, 60 cm x 80 cm

6 quadratische und rechteckige Getränkepacks

Stoff mit Apfel- und Birnenmuster, 20 cm x 25 cm (pro Getränkepack)

2 Metallösen, ø 5 mm (pro Getränkepack)

Aluminiumdraht, ø 3 mm, 15 cm lang (pro Getränkepack)

Kreidefarbe in Grün

Lackstift in Weiß

Acrylfarbe in Weiß

Holzleim

Tapetenkleister

WERKZEUG

Cuttermesser mit Unterlage

Pinsel

Gefäß (zum Anrühren)

Lochzange

● ● ○

ARRANGEMENT AUS TONTÖPFEN

schön für den Garten und Balkon

1 Die Tontöpfe bemalen: Dazu jeweils den Rand des Tontopfes mit Malerkrepp abkleben. Den unteren Bereich mit dunkelbrauner Acryfarbe grundieren. Nach dem Trocknen mit dem Krakelierlack lackieren und erneut gut trocknen lassen. Tragen Sie dann die cremefarbene Schicht bahnenweise und nicht überlappend in einer Richtung auf. Im Trocknungsprozess entstehen zahlreiche Risse, durch die die Untergrundfarbe sichtbar wird. Den Malerkrepp vom Rand entfernen und den Rand sowie die oberen 2-3 cm des Topfinneren dunkelblau anstreichen.

2 Drehen Sie dann eine Mutter 40 cm tief auf die Gewindestange auf und schieben Sie eine Unterlegscheibe auf. Wählen Sie einen geeigneten, windgeschützten Platz mit erdigem Untergrund aus. Stellen Sie den größten Tontopf auf und führen Sie die Gewindestange durch das Loch des Topfes bis zur Unterlegscheibe 40 cm weit in die Erde hinein, sodass das Arrangement stabil steht.

3 Drehen Sie nun eine Mutter bis 4 cm unter den Rand des Tontopfes auf die Gewindestange auf und schieben Sie ebenfalls eine Unterlegscheibe auf. Dann einen der kleineren Tontöpfe bis zur Unterlegscheibe auf die Gewindestange aufstecken. Für die anderen zwei Töpfe jeweils zunächst die Mutter bis zum Rand des vorherigen Topfes aufdrehen und die Unterlegscheibe und anschließend den Topf darauf aufsetzen.

4 Das Arrangement bepflanzen: Besonders schön sehen darin leicht hängende Pflanzen wie hier die Minipetunien aus.

MOTIVHÖHE

60 cm (ohne Bepflanzung)

MATERIAL

Tontöpfe in Natur, 3x ø 18 cm, 15 cm hoch, und 1x ø 24 cm, 21 cm hoch

Gewindestange, ø 1 cm, 1 m lang

4 Muttern, ø 1 cm

4 Unterlegscheiben, ø 3 cm

Acrylfarbe in Dunkelbraun, Creme und Dunkelblau

Krakelierlack

Malerkrepp

Minipetunien in Apricot

Blumenerde

WERKZEUG

Pinsel

WEINKISTENREGAL
MIT BETONIERTEN GEFÄSSEN

dekorativ zusammengestellt

MOTIVHÖHE

12–15 cm hoch

MATERIAL

3 Weinkisten aus Holz

2 Gefäße aus Plastik
(= Außenform + Innenform),
eines davon mit 3 cm kleinerem
Durchmesser (siehe Tipp)

Beton
(Quarzsand und Zement 2:1)

Salatöl

evtl. Acrylfarbe in Kupfer

evtl. Malerkrepp

WERKZEUG

altes Gefäß, z.B. Eimer
(zum Anrühren)

Löffel, Maurerkelle oder
Bohrmaschine mit Rühraufsatz
(zum Anrühren)

Pinsel

● ● ○

1 Bevor Sie mit dem Betonieren beginnen, befolgen Sie bitte die Hinweise der allgemeinen Anleitung von Seite 15. Bereiten Sie die ausgewählten Formen vor, indem Sie die Außenform innen und die Innenform außen mit Speiseöl einpinseln. Befüllen Sie die Innenform zum Beschweren mit Sand.

2 Den Beton anrühren: Geben Sie Quarzsand und Zement im Mischungsverhältnis 2:1 in ein altes Gefäß und rühren Sie die Masse mit Wasser zu einer puddingähnlichen Konsistenz an. Alternativ können Sie Fertigmischungen, z.B. Bastelbeton oder Betonestrich, verwenden.

3 Befüllen Sie die Außenform etwa zu zwei Dritteln mit Beton. Durch ein leichtes Beklopfen der Form wird der Beton darin gleichmäßig verteilt. Dann drücken Sie die sandbefüllte Innenform mittig in die Betonmasse hinein, sodass der Beton bis knapp unter den Gefäßrand der Außenform emporsteigt. Um eventuelle Luftblasen im Beton zu verhindern, die befüllte Form erneut leicht beklopfen und vorsichtig rütteln.

4 Nach zwei bis drei Tagen vorsichtig die Innenform herausziehen. Dann die Außenform wenden und das Betongefäß auf einen weichen Untergrund stürzen. Den rauen Rand des Betongefäßes evtl. mit Schmirgelpapier glätten. Lassen Sie den Beton zwei Wochen lang aushärten, bevor Sie das Gefäß bemalen und bepflanzen. Dies ist wichtig, da der Beton erst in dieser Zeit seine Stabilität entwickelt und erst danach Alltagsbelastungen wie der Bepflanzung, Nässe und Sonnenschein standhält.

5 Stapeln Sie die Weinkisten beliebig aufeinander und befüllen Sie diese mit Ihren liebevoll selbst hergestellten und bepflanzten Betontöpfen.

BEET AUS EINER PALETTE

Blütenpracht für Sommerabende

1 Die Teichfolie zuschneiden und auf dem Boden ausbreiten. Sie benötigen die Grundfläche der Palettenrückseite plus zweimal die Höhe der Palette rechts und links als Rand. Ebenso schlagen Sie für die Bodenseite einmal die Palettenhöhe zu. Oben wird das Beet offen bleiben, daher ist hier kein Rand nötig. Im Zweifel lieber etwas größer zuschneiden, da überstehende Ränder später noch entfernt werden können.

2 Falls die Palette sehr rau ist, grobe Splitter mit einem Schleifpapier entfernen, sodass sich die Palette gut anfassen lässt. Die Palette mit der Rückseite so auf die ausgebreitete Folie legen, dass rechts und links und unten etwa gleich große Randstücke überstehen. Oben liegt die Palette bündig an der Kante der Folie.

3 Die unteren und seitlichen Ränder mit ausreichend Klammern an den Außenseiten antackern. An den Ecken ordentlich einschlagen, bei Bedarf zurechtschneiden und überlagernde Schichten mehrmals tackern. Unbedingt darauf achten, die Folie beim Antackern auf der letzten Seite nochmal zu straffen, sodass sie keine Falten wirft.

MOTIVHÖHE

80 cm

MATERIAL

Europalette oder Einwegpalette

Teichfolie

Farbwachs für Möbel

Pinsel

altes Tuch

ca. 100 l Blumenerde

Pflanzen, je nach gewünschtem Standort

OPTIONAL

Marmeladengläschen

feiner Draht

Satinbänder

kleine Nägelchen

WERKZEUG

Tacker

evtl. Schleifpapier, falls die Palette sehr rau ist

Schere

Cutter

Messer mit Unterlage

4 Die Palette nun auf die Vorderseite legen und auf der Rückseite an den Holzstreben antackern. Ebenso die Oberkante auf kompletter Breite befestigen. Nachdem alles fest ist, die Palette nochmal drehen und an der Vorderseite Überstände mit Schere oder Cutter bündig abschneiden.

5 Palette mit Farbwachs einstreichen und mit dem alten Tuch so verreiben, dass die Holzmaserung durchscheint. Trocknen lassen.

6 Das Beet nun an den späteren Standort bringen, da es komplett bepflanzt sehr unhandlich ist. Durch die Spalten die Palette liegend vorsichtig mit Erde befüllen. Die Erde dabei immer mit den Händen Richtung Boden drücken. Wenn das Beet voll ist, vorsichtig aufrecht stellen und schräg gegen die Wand lehnen. Die einzelnen Ebenen bepflanzen. Die Pflanzen schauen zunächst waagerecht aus der Palette hinaus, wachsen aber schon nach kurzer Zeit in Richtung Licht. Ganz oben wird normal senkrecht bepflanzt.

7   Das Beet am gewünschten Standort stabil hinstellen und vorsichtig wässern. Dabei können Sie den Gießauslass auch durch die verschiedenen Spalten in die Erde drücken und punktuell gießen. Besprühen mittels Gartenschlauch und Handbrause eignet sich ebenfalls sehr gut. Zur späteren Pflege immer ausreichend wässern. Sie werden jedoch feststellen, dass das Beet hervorragend das Wasser speichert und die Pflanzen auch an sonnigen Standorten gut gedeihen.

8   Wenn Sie möchten, können Sie Windlichter an Ihrem Beet anbringen. Hierzu Marmeladengläschen mit Draht umwickeln und aus diesem eine Schlaufe bilden. Anschließend mit hübschen sommerlichen Bändern umwickeln oder anders dekorieren. Nägelchen an einer geeigneten Stellen in die Palette schlagen und die Gläser daran aufhängen. Mit Teelichtern sorgt Ihr Palettenbeet auch abends für wunderschöne Sommeratmosphäre.

TIPP

Es bietet sich an, das Beet mit vielen kleineren Pflanzen zu bepflanzen und dafür etwas dichter zu pflanzen. Dies hat den Vorteil, dass die Wurzelballen problemlos durch die Spalten passen und das Beet nach einigen Wochen sehr üppig bewachsen sein wird. Hier wurden junger Lavendel, Ballonblumen, Klee, Sukkulenten und Mauerpflanzen verwendet und mit Hängepflanzen ergänzt.

DEKORATIVE RANKHILFE

Weidenruten für Kletterpflanzen

1 Die Breite des Brettes ausmessen, einen Randabstand festlegen und diesen zweimal vom Gesamtwert abziehen. Den Restwert durch die Anzahl der Abstände zwischen den Ruten teilen, damit diese in gleichem Abstand stehen. Bei 6 Ruten wird hier der Wert durch 5 geteilt. Die Länge des Brettes betrug 52 cm. Je Seite wurden 3,5 cm Rand angezeichnet, der Restwert dazwischen betrug 45 cm. Der Abstand zwischen den fünf Löchern beträgt jeweils 8 cm.

2 Die Bohrlöcher anzeichnen und die Löcher bohren. Die Bohrränder leicht mit Schmirgelpapier abschleifen und Splitter entfernen.

3 Das Brett umdrehen und auf der Unterseite die Metallwinkel leicht nach innen versetzt anbringen, sodass sie, wenn man das Brett umdreht und auf den Topf aufsetzt, dieses an Ort und Stelle halten. Je nach Schräge der Topfwand kann dieser Wert etwas variieren. Hier wurden die Winkel 1 cm nach innen versetzt angebracht und das Brett wurde anschließend auf dem Topf festgeklemmt.

4 Die Löcher unten mit Klebeband zukleben, Leim in die Löcher füllen und die Weidenruten hineinstecken. Trocknen lassen. Es ist wichtig, Expressleim zu verwenden, damit Sie nicht zu lange warten müssen und die Weidenruten nicht austrocknen, da diese nur im feuchten Zustand flexibel sind und später aushärten.

5 Nach kurzer Trocknung kann das Klebeband entfernt werden und können die Weidenruten geflochten werden. Es werden immer zwei Ruten zusammengebunden und im nächsten Flechtschritt wieder getrennt und mit der Rute daneben verbunden usw. Die Knotenpunkte fest mit papierumwickeltem Draht fixieren. Bis oben zum Ende der Ruten flechten und ggf. die Spitzen auf eine Höhe abschneiden. Über Nacht trocknen lassen.

6 Nun Erde in den Topf füllen und diesen bepflanzen. Das Brett wird anschließend vor den Pflanzen positioniert, sodass hinten ein 6 cm breiter Spalt bleibt, durch den die Pflanzen nach oben wachsen können und durch den auch gegossen wird. Die Pflanzen vorsichtig von den mitgelieferten Rankhilfen abwickeln und einzelne Teile ums Rankgitter wickeln. Die Pflanzen krallen sich nach kurzer Zeit selber fest.

MOTIVHÖHE

100 cm

MATERIAL

Blumenkasten, 50 cm lang, 18 cm breit, selbstbewässernd

altes Holzbrett, 52 cm x 12 cm

2 Metallwinkel

6 Weidenruten, frisch geschnitten oder in der Badewanne über Nacht gewässert

papierumwickelter Blumendraht in Natur

Express-Holzleim

Rankpflanzen

WERKZEUG

Bohrer in Dicke der Weidenruten

Schmirgelpapier

Klebeband

FÄDELSKIZZE SEITE 91

KRONLEUCHTER MAL ANDERS

hier flammen die Käthchen

1 Die Blumentöpfe deckend weiß grundieren. Nach dem Trocknen den unteren Bereich mintgrün bemalen. Den Schriftzug in Spiegelschrift mit einem weichen Bleistift auf ein Stück Transparentpapier abpausen, das Papier wenden und auf dem Blumentopf ausrichten. Die Schrift durch festes Nachfahren auf den Tontopf übertragen und mit dem weißen Kreidemarker nachfahren. Um die Töpfe widerstandsfähiger gegen Schmutz zu machen, können diese noch lackiert werden.

2 Den Kerzenkronleuchter auseinanderschrauben und wie abgebildet wieder zusammensetzen: Dazu über dem Fuß des Kronleuchters einen Seitenarm auf das Hauptgewinde des Kronleuchters stecken, danach den mittleren Teil des Kronleuchters, dann den zweiten Seitenarm und dann den oberen Teil des Kronleuchters. An den Armen des Kronleuchters jeweils die tellerförmigen Kerzenuntersetzer verkehrt herum auf die Gewinde aufsetzen.

3 Die Blumentöpfe anbringen: Stecken Sie dazu das Loch am Boden des Topfes auf ein Gewinde und fixieren Sie den Topf mit einer Unterlegscheibe und einer anschließend aufgedrehten Mutter. Zum Bepflanzen eignen sich Miniblümchen wie hier das Flammende Käthchen (Kalanchoe mini).

MOTIVHÖHE
41 cm (ohne Bepflanzung)

MATERIAL
auseinanderschraubbarer Kronleuchter, 37 cm x 30 cm

5 Tontöpfe, ø 9 cm, 8 cm hoch

Muttern, passend zum Gewinde des Kronleuchters

Unterlegscheiben, ø 2 cm

Acrylfarbe in Weiß und Mintgrün

Kreidemarker in Weiß

matter Acryllack in Transparent

Flammendes Käthchen (Kalanchoe mini)

WERKZEUG
Pinsel

weicher Bleistift

Vorlage Seite 88

TIPP

Damit Ihr Kronleuchter stabiler wird, können Sie die Gewindestangen an den Armen des Kronleuchters durch größere ersetzen. Sägen Sie dazu mit einer Metallsäge ein ausreichend langes Stück von einer Gewindestange ab und tauschen Sie das Gewinde aus.

VORLAGEN

Fleurs

Kronleuchter mal anders
Seite 86/87

Hängesystem aus Kupferohren
Seite 22/23

Blumengarten aus Schubladen
Seite 20/21

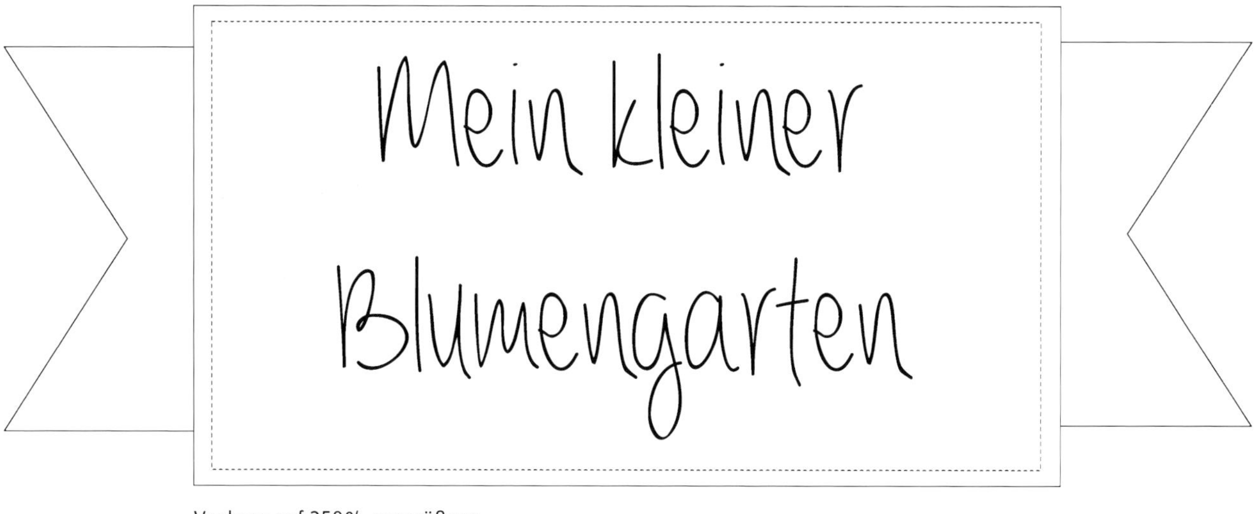

Mein kleiner

Blumengarten

Vorlage auf 250% vergrößern

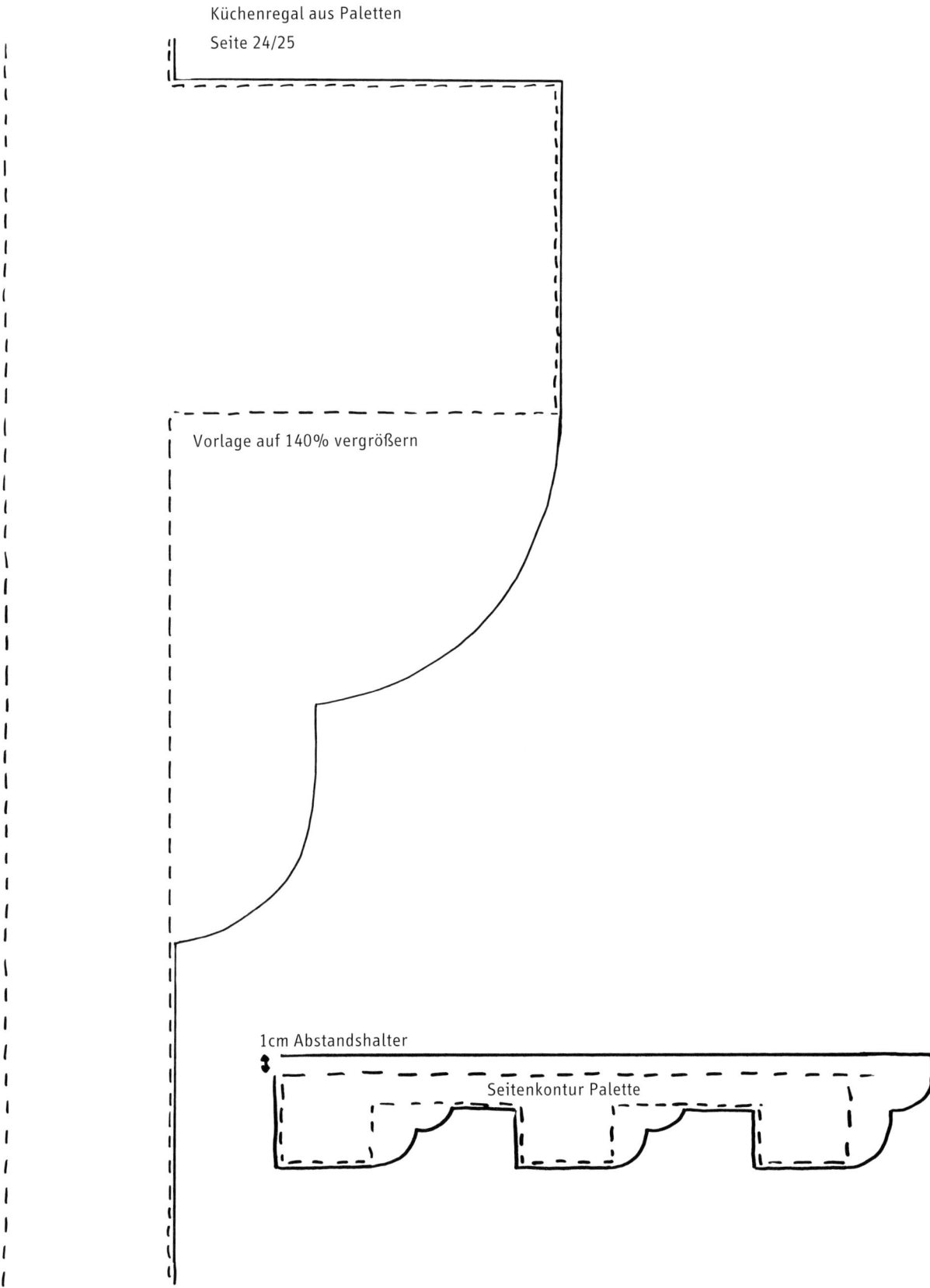

Küchenregal aus Paletten
Seite 24/25

Vorlage auf 140% vergrößern

1cm Abstandshalter

Seitenkontur Palette

Küchenregal aus Paletten
Seite 24/25

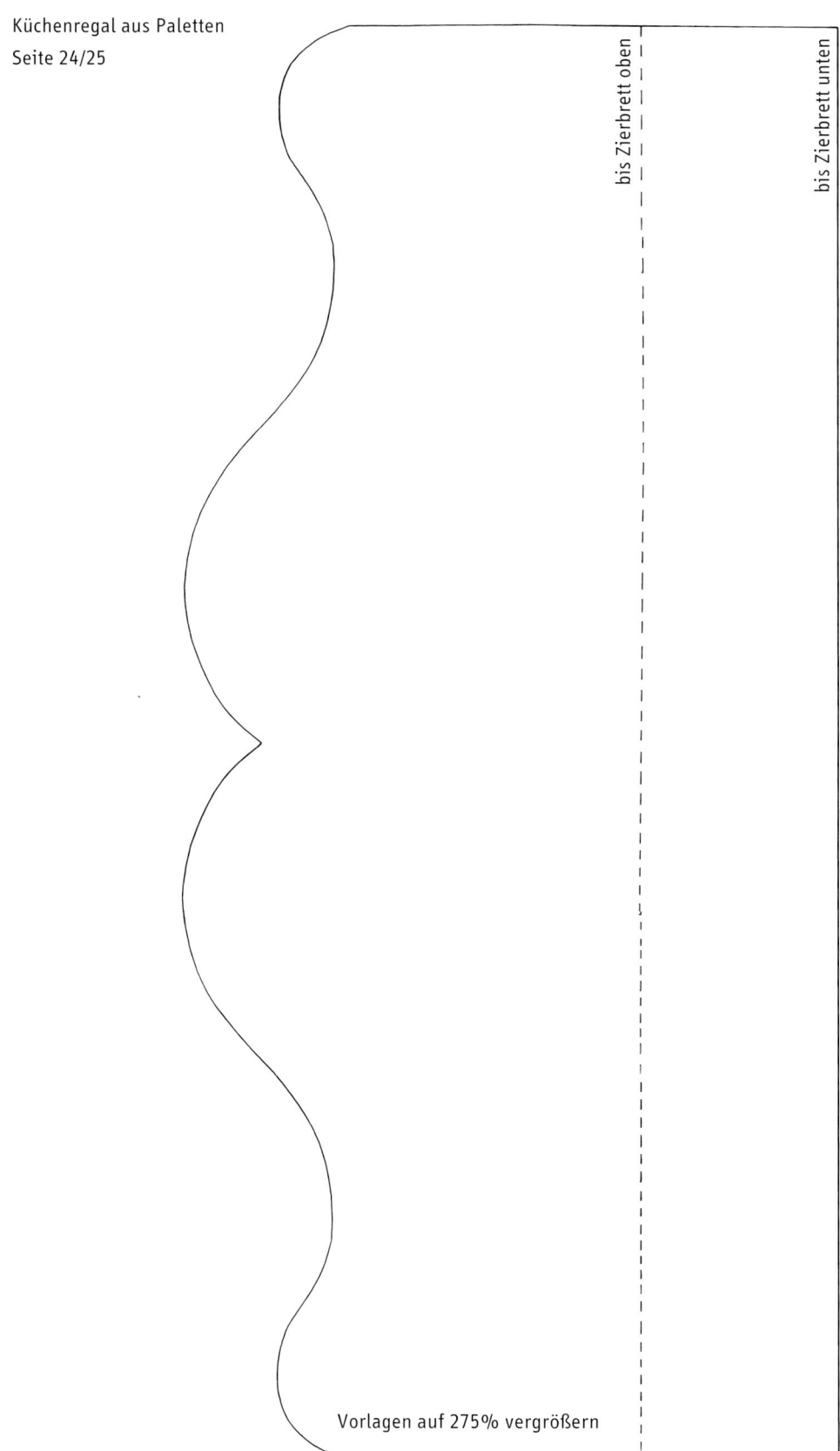

bis Zierbrett oben

bis Zierbrett unten

Vorlagen auf 275% vergrößern

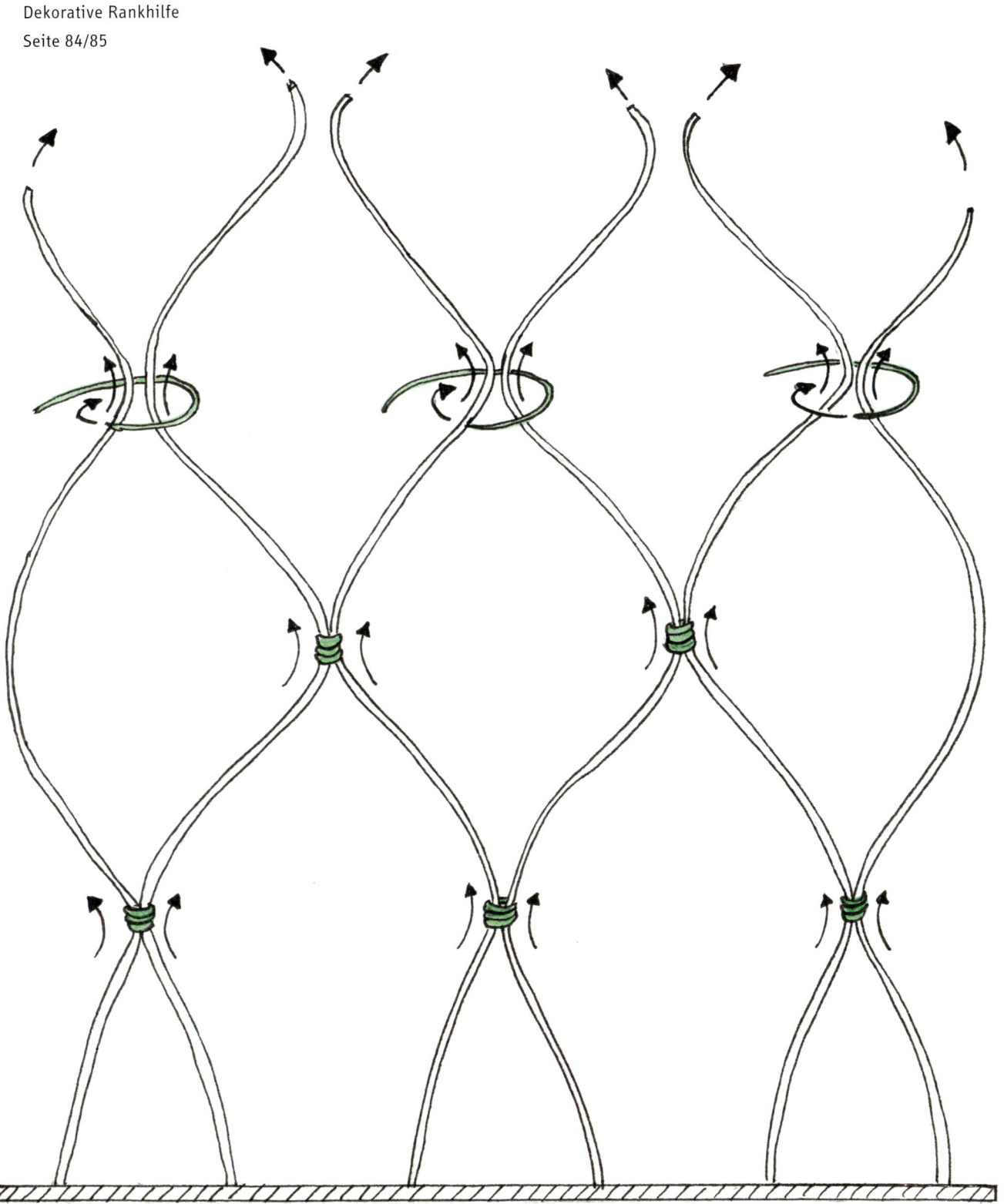

KREATIV.INSPIRATION.

Inspirierende Bücher für kreative Menschen! In unserer Reihe KREATIV.INSPIRATION. finden Sie die schönsten Anleitungen zu beliebten Kreativtechniken. Auf jeder liebevoll gestalteten Seite erwartet Sie eine neue Welt voller Kreativität und eine Fülle an Ideen zum Nachmachen. Lassen Sie sich inspirieren!

TOPP 6412
ISBN 978-3-7724-6412-6

Plaids – das sind kuschelige, edle Wohlfühldecken für den Wohnbereich. Im Buch finden sich zahlreiche, ganz unterschiedliche Modelle, dazu passende Wohn-Accessoires, wie Poufs, Kuschelkissen, Bodenkissen und Nackenrollen.

TOPP 6407
ISBN 978-3-7724-6407-2

Hier finden Sie die Häkel-Klassiker, wie das erste Schühchen oder das erste Mützchen, aber auch neue Ideen wie umhäkelte Bilderrahmen, eine Krabbeldecke oder der erste Greifling. Die schönsten Häkelideen für alle Babys und Kleinkinder bis 2 Jahre.

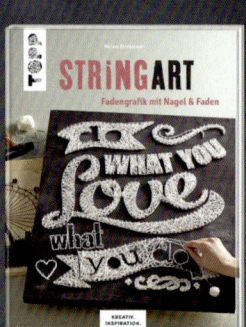

TOPP 5990
ISBN 978-3-7724-5990-0

Klassische Fadenspannbilder in geometrischen Formen waren gestern, heute entstehen groß- und kleinformatige Motive mit Nagel und Faden auf Holzuntergründen, Pappe, Papier oder direkt an einer Wand.

TOPP 7569
ISBN 978-3-7724-7569-6

Brandmalerei – wiederentdeckt und modern inszeniert. Zarte Silhouetten werden auf Birkenrinde, Baumstämme und naturbelassenes Holz gebrannt. Neben einer Fülle an Vorlagen enthält das Buch viele Anwendungsvorschläge für wunderschöne Dekorationen.

UNSERE BUCHTIPPS FÜR SiE

Entdecken Sie die ganze Welt der Kreativität! Weitere Buchtipps und Informationen zu aktuellen Basteltrends finden Sie auch im Internet unter www.topp-kreativ.de.

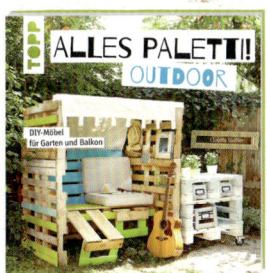

TOPP 7622
ISBN 978-3-7724-7622-8

TOPP 7502
ISBN 978-3-7724-7502-3

TOPP 6392
ISBN 9978-3-7724-6392-1

TOPP 7510
ISBN 978-3-7724-7510-8

TOPP 7534
ISBN 978-3-7724-7534-4

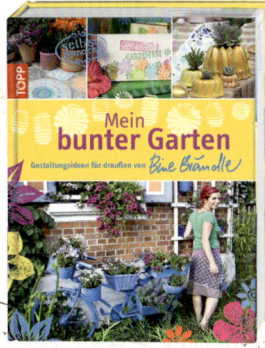

TOPP 5938
ISBN 978-3-7724-5938-2

TOPP 6344
ISBN 978-3-7724-6344-0

TOPP 7578
ISBN 978-3-7724-7578-8

TOPP 5971
ISBN 978-3-7724-5971-9

DiE AUTORiNNEN

PATRICIA MORGENTHALER

In Frankfurt am Main geboren und aufgewachsen dekorierte sie schon als Kind gerne ihr Zimmer und später ihre Wohnungen um. Da lag es nahe, das geliebte Hobby zum Beruf zu machen. Heute arbeitet sie als Wohndesignerin und lässt sich durch viele natürliche Materialien inspirieren. Seit Juli 2011 ist sie regelmäßig als Wohn- und Deko-Expertin im Fernsehen zu sehen, u.a. in der SWR-Sendung „Kaffee oder Tee" oder im ARD-Buffet. Seit Juli 2014 zeigt sie auf ihrem Youtube-Kanal „Mrs. Shabby Chic" viele Ideen und Anregungen rund ums selber machen und Dekorieren. Weitere Infos finden Sie unter: www.patricia-morgenthaler.de.

LENA SKUDLIK

Lena Skudlik lebt in ihrer Wahlheimat Baden-Württemberg. Die Designerin arbeitet im Bereich Raum- und Möbeldesign und setzt in ihren Raumkonzepten oft auch Naturmaterialien und Pflanzen ein. Diese Elemente kombiniert Sie gern mit kühleren Werkstoffen wie Beton, aber auch mit stimmungsvollem Licht und schönen Stoffen. Neben ihrer Leidenschaft für den architektonischen Bereich setzt sie selbst auch gern Ideen mit Holz, Beton und Pflanzen handwerklich um und lässt ihre Erfahrung in unsere Bücher einfließen.

SUSANNE WEIDMANN

Susanne Weidmann ist Ergo- und Lerntherapeutin und wohnt im Saarland. Schon als Kind liebte sie kreative Tätigkeiten und entwarf für sich und ihre Freunde süße Basteleien. Ihr großer Traum bestand immer in der Publikation ihrer Ideen.

iMPRESSUM

MODELLE: Patricia Morgenthaler (Seite 18/19, 20/21; 42/43; 46/47; 50/51; 64/65; 68/69; 72/73); Lena Skudlik (Seite 26/27; 30/31; 32/33; 34/35; 40/41; 48/49; 52/53; 54/55; 58/59; 60/61; 80–83; 84/85); Susanne Weidmann (Seite 22/23; 24/25; 28/29; 36/37; 44/45; 56/57; 70–73; 76/77; 78/79; 86/87)
FOTOS: frechverlag GmbH, 70499 Stuttgart; fotolia.com (Seite 2/3; 13); iStockphoto.com (Seite 12); lichtpunkt, Michael Ruder, Stuttgart (Seite 16/17; 18/19; 20/21; 38/39; 42/43; 46/47; 50/51; 64/65; 66/67; 68/69; 72/73); André Köhl, Kommunikationsdesign (alle übrigen)
PRODUKTMANAGEMENT: Madeleine Fritz
LEKTORAT: Susanne Dubbers, Madeleine Fritz
REIHENLAYOUT: Katrin Röhlig
SATZ: Reemers Publishing Services GmbH, Krefeld
DRUCK UND BINDUNG: Neografia, Slowakei

1. Auflage 2016
© 2016 **frechverlag** GmbH, Turbinenstraße 7, 70499 Stuttgart

ISBN 978-3-7724-7602-0 • Best.-Nr. 7602